내 운명을 뒤바꾸는

符 부
籍 적

대백과

내운명을 뒤바꾸는 부적대백과

– 도교를 창건한 장천사 부적

초판발행 2002년 11월 25일
개정판 5쇄 2009년 10월 26일
리커버 발행 1쇄 2021년 04월 01일

원저 장천사
편저 이성천
펴낸이 김 민 철

펴낸곳 도서출판 문원북
주 소 서울시 마포구 토정로 222 한국출판콘텐츠센터 422
전 화 02-2634-9846 / 팩 스 02-2365-9846
메 일 wellpine@hanmail.net
카 페 cafe.daum.net/samjai
블로그 blog.naver.com/gold7265

ISBN 978-89-7461-479-9
규격 152mmx225mm
책값 25,000원

내 운명을 뒤바꾸는

符부籍적 대백과

문원북
BOOK

| 머리말 |

B.C. 170여 년, 고대 중국 한(漢)나라의 임금 한문제(漢文帝)는 풍수학에 매우 정통한 인물이었다. 어느 날 한문제는 지방 순찰을 나섰다가 홍농현 (弘農縣) 변계(邊界)에 이르러 이제까지 자신이 본 중에 최악의 흉택(凶宅) 한 채를 보고 크게 놀랐다.

그 집터는 앞이 높고 뒤가 낮으며, 북쪽에는 강이 있고 동남쪽에는 고지, 서북쪽은 평지여서 소위 삼우지택(三愚之宅)의 조건을 모두 갖춘 최악의 풍수지리였다.

이런 집은 사람이 살기에 매우 부적당하고 만약 거주를 한다 해도 빈곤에 허덕이게 된다. 또한 절대 편안하게 지낼 수 없을 뿐만 아니라 가축이 남아나지 않고 오곡의 수확도 불가능하다. 이처럼 재난과 불행 · 질병 · 송사가 끊임없이 일어나는 흉한 집터였던 것이다.

그런데 더욱 놀라운 것은 이처럼 흉한 집터였음에도 불구하고 그 집의 거주자는 상당히 부유하고 번창하여 무려 50여 명의 가족이 행복하게 살고 있다는 점이었다.

한문제는 고개를 갸웃거리며 집주인을 불러 자세한 사정을 물었다.

그 집주인 유진평(劉進平)은 이렇게 말하였다.

"30년 전, 이 집을 짓기 시작했을 때는 사정이 매우 좋지 않았습니다.

그러던 어느 날 두 나그네가 하룻밤 숙식을 청하기에 형편은 좋지 않지만 성심성의껏 대접했습니다. 이튿날 두 나그네가 떠나기 전 저의 손을 꼭잡고 환대에 감사를 표하며 '10년 후에는 크게 부귀해지고, 20년 후에는 가족이 늘어나며, 30년 후에는 임금님이 찾아오실 것이라고 말하였습니다.

그런데 과연 시간이 지남에 따라 그 예언이 맞아떨어졌고 오늘 마침내 마지막 예언이 이루어졌습니다. 그들의 예언은 하나도 빠짐 없이 모두 들어맞았습니다."

"그 두 나그네는 지금 어디에 있느냐?"

한문제가 신기해하며 묻자 유진평이 머리를 조아리며 말했다.

"두 나그네는 부적으로 진택(鎭宅)을 해준 다음 연기로 변하여 홀연히 사라져 버렸습니다."

이 이야기에서 내포하고 있는 것은 부적이 매우 신기하고 영험(靈驗)하며, 천관(天官)의 신명(神明)한 법령으로서 전적으로 착한 사람을 도와 화(禍)를 피하고 복을 얻도록 보살펴주신다는 도리를 말해 주고 있다.

과학이 발달한 오늘날에는 부적을 미신으로 치부해 버리는 사람들도 많지만 아직까지 과학으로도 풀리지 않는 일들이 우리 주위에는 많다. 또한 부적이 수천년이란 오랜 기간 동안 그 명맥이 끊어지지 않고 계속 전해오는 데는 반드시 그만한 이유와 가치가 있기 때문일 것이다.

여기서 한 가지 의문을 갖는 사람이 있을 것이다. 완전히 똑같은 조건 하에서 부적을 사용했는데 어떤 사람은 신통한 효과가 있고 또 다른 사람은 전혀 영험하지 않았다는 이야기를 우리는 종종 듣게 되는 것이다.

그 이유는 5가지로 나눌 수 있다.

첫째, 올바르게 사용하지 않는 경우(극단적인 예일지는 모르지만, 살인자가 재판에서 좋은 결과를 얻기 위해 부적을 쓸 경우), 둘째 사용자 자신의 요소(마음이 올바르지 않은 경우), 셋째 풍수지리의 영향(조상의 산소가 잘못되었을 경우), 넷째 팔자의 영향 사주팔자가 특수하여 신(神)이 응하지 않는 경우, 다섯째 의심의 여부(부적의 효험에 대해 믿지 않는 경우)에 따라 효과가 달라진다.

즉 지극한 성의(誠意)와 진실로 믿어 의심치 아니하고 지성(至誠)이 넘치며 마음이 착해야만 부적이 영험한 효과를 나타낸다는 것이다.

또한 부적을 사용함에 있어서 반드시 지켜야 할 점이 있다. 이 책의 내용을 자세히 읽어보고 제대로 지켜야만 효과를 볼 수 있다.

옛날에는 아무리 힘들어도 부적을 꼭 그려서 사용했지만, 오늘날에는 복사를 해서 사용해도 된다. 하지만 예나 지금이나 달라지지 않은 것은 반드시 경건한 마음과 정성을 다하는 태도를 간직해야 한다는 것이다.

이 책의 부적들은 우리 일상생활에서 자주 쓰이는 것이며 경험을 통한 것들이다.

辛丑年 壬辰月 이성천

입문편(入門篇)

음양과 부적
부적에 대한 대화

음양과 부적

1. 음양에서 부적이 산생

역학(易學)에서 음(陰)과 양(陽)은 만물을 만들어내는 상반된 두 개의 기(氣)라고 한다. 즉 일월(日月) · 주야(晝夜) · 남북(南北) · 한난(寒暖) · 남녀(男女) · 천지(天地) · 가감(加減) · 상하(上下) · 전후(前後) · 승강(昇降) · 진퇴(進退) · 동정(動靜) · 명암(明暗) · 강약(强弱) · 경중(輕重) · 홀수와 짝수 등 서로 상반되는 것들이 곧 음과 양이다.

역학에서는 이처럼 서로 대립하면서도 또 한편으로는 상호 조화와 균형을 이루는 음과 양이 바로 우주 만물을 이루고 있다고 말한다.

우리에게 익숙한 '태극기'에서 음양의 실례를 찾아보면 쉽게 이해할 수 있을 것이다.

중앙의 '태극(太極 : ☯)'에서,

아래쪽의 파란색은 음에 속하고 위쪽의 붉은색은 양에 속한다.

태극 주위를 둘러싼 '4괘(四卦)'는 역학 팔괘(八卦) 중의

건(乾 : ☰)과 곤(坤 : ☷)·이(離 : ☲)·감(坎 : ☵)이다.

건(☰)은 하늘과 봄·남쪽·아버지 등을 상징한다.

곤(☷)은 땅과 여름·북쪽·어머니 등을 상징한다.

이(☲)는 불(火)과 해·가을·동쪽·중녀(中女) 등을 상징한다.

감(☵)은 물(水)과 달·겨울·서쪽·중남(中男) 등을 상징한다.

그럼 음양의 시각으로 사괘(四卦)를 살펴보자.

음효 (陰爻 : ⚋) 는 음, 양효 (陽爻 : ⚊) 는 양, 이것을 세 번 겹치면 건(☰)·곤(☷)·이(☲)·감(☵) 등이 이루어진다.

건(☰)은 양만 3개이므로 순수한 양이고, 곤(☷)은 음만 3개이므로 순수한 음이다. 이(☲)는 2양 1음이고, 감(☵)은 1양 2음으로 이루어져 있다.

물건은 적을수록 희소가치가 있듯이 '다수는 소수를 좇는다'는 역학의 독특한 방식에 의해 2양 1음인 이는 결국 음이 되고 1양 2음인 감도 결국 양에 속한다. 즉 역학에서 이른바 '양괘는 음이 더 많고(陽卦多陰), 음괘는 양이 더 많다(陰卦多陽)'와 '1양 2음의 괘를 남자, 2양 1음의 괘를 여자'로 본다는 것이 바로 이 뜻이다.

이제 태극기의 색깔로 음양을 알아보자.

태극기는 모두 네 가지 색으로 이루어져 있다. 붉은색과 흰색은 양,

남색과 검은색은 음에 속한다.

여기서 각각의 색깔에 따라 그 의미도 다르다. 붉은색은 찬란한 아침 해를 뜻하고, 남색은 넓고 풍요로운 바다를, 검은색의 4괘는 천지일월 · 동서남북 · 춘하추동 계절이 선명하고 부모와 자손들이 번성하는 지상 낙원을 나타내며, 깨끗한 흰색은 한(韓)민족의 순수한 동질(同質)성과 결백(潔白), 그리고 평화를 사랑하는 마음을 의미한다.

이처럼 태극기는 음양설을 포함한 전 우주의 질서를 규명하는 철학 사상에 바탕을 두고 있을 뿐만 아니라 그 뜻 또한 매우 깊어 온 세상에 자랑할만한 훌륭한 국기다.

음양학설은 의약(醫藥) · 양생(養生) · 명리(命理) · 역점(易卜) · 수면상(手面相) 등 오술(五術)의 가장 기본이 되는 기초 이론이다. 그리하여 오술 중 어느 하나라도 음양의 사상체계를 떠나서는 올바로 이해할 수가 없다.

부적은 본래 고대 양생술(養生術) 중 일종의 신비한 묘술이었다. 그러므로 그 생성과 발전 과정도 음양학설을 벗어날 수가 없다. 때문에 부적을 깊이 연구하면 부적이 음양오행(陰陽五行) 학설과 얼마나 긴밀히 관련되어 있는지 깨닫게 될 것이다.

오행(五行)이란 금(金) · 목(木) · 수(水) · 화(火) · 토(土)의 다섯 가지 원기(元氣)를 말한다. 이 세상의 만물은 음양과 마찬가지로 오행에 속하지 않는 것이 하나도 없다.

예를 들면, 오감五感 : 시(視)·청(聽)·후(嗅)·미(味)·촉(觸)의 다섯 가지 감각과 오곡(五穀 : 쌀·수수·보리·조·콩), 오과(五果 : 복숭아·자두·살구·밤·대추), 오장(五臟 : 간·심장·신장·폐장·비장), 오미(五味 : 신맛·쓴맛·매운맛·단맛·짠맛) 등등.

이 오행 중에는 서로 화합이 이루어지는 오행상생(五行相生)이 있 는가 하면 서로 화합하지 못하는 오행상극(五行相剋)의 두 가지 이치 가 상존한다. 이 두 이치가 모두 우주 만물을 지배하고 있다.

인류 역사의 발전과정 중에는 소위 신권(神權)시대가 있었다. 그 당시 인류는 자연계의 현상에 대해 이해가 부족하여 자연계에서 일어나는 수많은 현상들을 제대로 해석할 수가 없었다.

예를 들면 낮과 밤, 일출과 일몰, 비와 바람, 천둥과 번개, 춘하와 추동… 등등. 이런 자연현상이 왜 발생하는지 그 이유를 전혀 알지 못했던 것이다. 그리하여 인간들이 생활하는 우주의 밖에는 제4, 제5의 공간이 있으며 그곳에는 신(神)과 귀신(鬼)이 살고 있어 세상만사가 모두 그들에 의해 좌우된다는 사상이 생기게 된 것이다.

그리하여 질병이나 화재, 그리고 비바람 등 순조롭지 않은 자연현상이 발생하면 사람들은 신과 귀에게 매달리며 빌었다.

이처럼 사람들의 절박한 욕구에 따라 무의(巫醫)가 생겼으며, 이들은 인간세상과 영계(靈界)를 잇는 도사(導師)의 역할을 수행하였다. 그리고 인간과 영계가 서로 다른 공간에 존재하므로 직접 연계를 할 수가 없기에 일부 사람들이 부적을 만들어 신명(神明)들과 감응(感應)을 교류하기 시작했다.

다시 말하면 부적은 음양지간과 신·귀들을 연계하는 매개(媒介)이며, 영계와 인간이 감응을 교류하는 천서(天書)로서 그 유래가 이처럼 매우 오래 되었다.

2. 음양가(陰陽家)의 사상과 부적

엄격히 말해서 부적은 3가지 사상으로부터 변화하고 발전한 것이다.

첫째, 종교를 들 수 있다. 부적은 사실상 신비한 종교적 색채에 의존 해서 그 명맥을 유지해 왔다고 해도 과언이 아니다. 그러므로 종교적 관념을 떠나 독자적으로는 절대로 존재할 수가 없다.

둘째, 음양오행이다. 부적이나 부사(符辭)는 물론 그 속에는 항상 음양오행의 내용이 담겨져 있다.

셋째, 성상(星象) 운행 관념이다. 부적에서는 '답강보두(踏步斗)' 혹은 '강(罡)'자를 자주 쓰는데, 여기에서 '강'과 '두'는 모두 북두칠성을 가리킨다. 즉 '답강보두'란 '하늘의 북두칠성을 우러러보 면서 지면(地面)을 그 성상(星象)대로 밟는다' 뜻이다. 부적에서 성 상이 들어 있는 그림은 흔히 볼 수 있다.

위에서 볼 수 있듯이 부적은 음양오행과 매우 밀접한 관계가 있다. 때문에 부적을 연구하려면 우선 중국 음양가의 관념에 대해 알아야 한다.

1) 생(生)의 관념

옛 시대의 가장 심오한 역리(易理)의 뿌리를 찾아보면 생(生)을 우주 관념의 핵심으로 하였음을 알 수 있다.

『시서괘(是序卦)』에는 '천지가 있은 다음 만물이 생(生)겼다', '세상에서 가장 큰 덕행은 생(生)이다'라는 구절이 있다.

중국 춘추시대의 사상가이자 도가(道家)의 창시자인 이이(李耳)의 저서 『도덕경』[道德經, 일명 『노자(老子)』]에도 이런 말이 있다.

'도(道)는 일(一)을 생(生)하고, 일(一)은 이(二)를, 이(二)는 삼(三)을, 삼(三)은 만물을 생(生)하였다.'

때문에 생(生)은 음양오행의 중요한 관념이다.

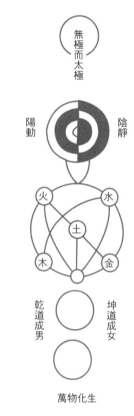

[그림1]태극도(太極圖)

옆의 태극도(太極圖)는 역리·음양 오행·생의 관념이 부적과 밀접한 관계가 있음을 보여주는 실례다.

이 태극도는 태극이 만물 화생(化生)의 근원이란 모식(模式)을 보여주고 있다. 위로부터 아래로 모두 다섯 개 층으로 구성되어 있다.

제1층은 태극 본체를 상징한다.

제2층은 태극이 동(動)하여 양(陽)이 생(生)기고 정(靜), 즉 고요하면 음(陰)이 생(生)기는 것을 상징한다.

제3층은 음양오행이 밀접히 교합되었음을 상징하며,

제4층은 음양오행에서 화생(化生)된 모든 것은 남녀(男女)의 성질을 구비함을 상징한다.

제5층은 만물이 태극의 이치에 좇아 끊임없이 화생(化生)함을 상징한다.

2) 중화(中和)의 관념

중화란 사람의 성정(性情)이 어느 한쪽으로 치우치지 않고 똑바른 것을 말한다. 곧 덕성(德性)이 중용(中庸)을 잃지 않은 상태. 중국의 고서 『거용(擧庸)』에 이르기를 '중화에 이르면 천지가 평온하고 만물이 자라난다.' 또 다른 고서 『요(堯)』에도 이렇게 씌어 있다.

'사람은 작은 위태함에도 불안해하고 도(道)는 작은 치우침에도 용서 못 한다. 때문에 오직 중용(中庸)만을 제창한다.'

때문에 어느 쪽에도 치우치지 않고 똑바른 것을 지키는 것은 우리 동방 민족의 핵심 사상이다.

3) 음양의 관념

역학에서 음과 양은 만물을 만들어내는 상반된 두 개의 기(氣)라고 일컫는다. 즉 앞에서도 말했듯이 일월(日月)·주야(晝夜)·남북(南北)·한난(寒暖)·남녀(男女) 등에서 서로가 상대되는 것들이 곧 음과 양이다.

중국의 고서『설괘전(說卦傳)』에서는 다음과 같이 말한다.

'하늘(天)을 이루는 이치를 음(陰)과 양(陽)이라 하고, 땅(地)을 이루는 이치를 유(柔 : 부드러움)와 강(剛 : 굳셈)이라 하며 사람됨의 이치를 인(仁)과 의(義)라고 한다.'

음양관념에서 건(乾)은 생명 자생(資生)의 근원이고, 곤(坤)은 생명 자생의 실체로 인정하며 또 하늘은 양, 땅은 음, 남자는 양, 여자는 음, 굳셈(剛)은 양, 부드러움(柔)은 음, 홀수(奇)는 양, 짝수(偶)는 음으로 보고 있다.

4) 평형(平穩)의 관념

역리에서는 중화와 평형을 크게 따진다. 한방의(韓方醫)에서도 평형은 병 치료의 원칙이다. 우주 공간의 별들도 그 운행 중에는 평형을 지킨다. 만약 이 평형 감각을 상실한다면 서로 부딪쳐 결국은 사라지고 말 것이다.

이 모든 것이 만물은 평형을 유지해야만 그 생명이 끊임없이 이어질 수 있음을 말해주고 있다.

아래의 태세부(太歲符)는 종교적 색채·음양오행·역리·성상의 관념이 부적과 밀접한 관계가 있음을 보여주는 실례다.

[그림2]태세부(太歲符)

이것은 태세부라는 부적이다. 이 태세부에서

첫째, 암불늑령(唵佛勒令), 태양성군(太陽星君), 남두성군(南斗星君), 태음여신(太陰娘娘), 북두성군(짋斗星君), 육갑신장(六甲神將), 육정천병(六丁天兵) 등이 모두 종교의 신(神) 이름에서 온 것이다. 이것은 부적이 종교적 색채와 밀접한 관계가 있음을 보여준다.

둘째, 일(日)과 월(月)은 음양을 의미하며 태양성군(太陽星君)과 태음여신(太陰娘娘) 역시 음양을 나타낸다. 뢰(雷)는 팔괘(八卦) 중의 진(震)괘를 나타낸다. 동시에 오뢰대장군(五雷大將軍)은 신의 이름이다. 여기서도 부적의 음양오행 · 역학 · 종교 관념을 알 수 있다.

셋째, 일(日 : 해님)과 월(月 : 달님) 그리고 성도(星圖 : 별 그림) 등이 성진(星辰)을 의미한다. 이에서 부적 창시인이 부적을 그릴 때 천문(天文) 성상(星象)을 관찰했음을 알 수 있다.

┃부적에 대한 대화

◈ 삼청(三淸)이란 무엇이며, 부적과는 어떤 관계가 있는가?

전설에 의하면, 원시천존(元始天尊)이 법신(法身)으로 화성(化成)한것이 삼청(三淸)이라고 한다.

고서 『열선전(列仙傳)』에는 다음과 같은 말이 있다.

'원시천왕(元始天王)이 천지개벽 전에는 만물 생성의 근원인 신성한 원기(元氣)였다가 대라천(大羅天)에서 삼청으로 화성하셨다. 즉 일청(一淸)은 청미천(淸微天)의 옥청(玉淸) 경내에 오랫동안 거처하고 있는 무형천존[無形天尊 : 지금은 원시천존(元始天尊)이라 부름]이다. 이청(二淸)은 우여천(禹餘天)의 상청(上淸) 경내에 오랫동안 거처하고 있는 무시천존[無始天尊 : 지금은 영보천존(靈寶天尊)이라 부름]이다. 삼청(三淸)은 대적천(大赤天)의 태청(太淸) 경내에 오랫동

안 거처하고 있는 범형천존[梵形天尊 : 지금은 도덕천존(道德天尊)이라 부름]이다.'

도가(道家)의 부적파(符籍派) 대다수가 삼청을 자기들의 종사(宗師)로 삼고 있다.

하여 이런 말이 있다.

'부적을 그린 후에 먼저 도덕천존에게 드려 훑어보게 한 다음 다시 원시천존께 보내 도장을 찍은 뒤 영보천존에게 보냅니다.'

이로써 삼청은 선천(先天)의 최고 신성(神聖)임을 알 수가 있고 부적과의 관계가 매우 밀접하며 그 역사도 매우 오래임을 알 수가 있다.

◈ 부적이란 무엇인가?

부적이란 도가(道家)의 비밀 문서다. 옛날 도가를 믿는 사람들은 모두가 부적을 몸에 지니고 있었다.

부적이란 신·귀와 연계하는 신호다. 이상 야릇한 글자에 별자리 등 을 그린 것을 부(符)라 하며, 도가의 비문(秘文)을 적(籍)이라 한다. 도가에서는 도를 닦음에 있어서 부적을 매우 중요시했다.

왜냐하면 부적은 하늘에도 통할 수 있고 땅에도 달할 수 있어 악귀를 제압하고 사기를 쫓아내며 병을 치료할 수 있었고 그 영험도 매우 신묘했기 때문이다.

◈ 부적에 있는 점(漸)자는 무엇을 나타내는가?

점이란 곧 점신(漸神)이다.

귀신이 죽으면 점이 되는데, 아직 죽지 않은 귀신들은 모두 이를 두

려워한다. 왜냐하면 점은 악귀를 물리치는 신(神)이기 때문이다. 그리하여 점신이라는 이름도 갖고 있는 것이다.

전설에 의하면, 사람이 죽어 귀신이 되고 귀신이 죽어 점이 된다고 한다. 점자는 악귀를 막아내는 부적을 대표함으로 점자를 문에 써놓거 나 혹은 점자를 그린 부적을 문에 붙여 두면 모든 귀신이 멀리 피해 버린다.

고서 『서양잡차(西陽雜且)』에는 '저승의 점신을 상징하는 범의 머리와 점자를 문 위에 그려두면 학질을 물리칠 수 있다'고 적혀 있다.

◇ 주문 끝에 있는 '급급여율령(急急如律令)'은 무슨 뜻인가?

율령은 '천둥 번개같이 빠른 귀신'을 말하는데, 여율령은 '귀신이 천둥 번개 같이 빨리 달린다'는 말이다. 주문 끝에 급급여율령(急急如律令)이라고 쓴 것은 '주문을 전하는 사동(使童)아, 율령(律令) 귀신같이 재빨리 이 주문을 천정(天庭)에까지 전해다오'라는 뜻이다.

◇ 귀신은 무엇을 두려워하나?

민간에서는 태양·사서오경[四書五經 : 특히 그 중에서도 역경(易經)을 더 두려워함]·책 읽는 소리·큰 박수 소리·복숭아나무 가지·거울·쌀 치는 체·그물·총·칼·꽃잎·쌀 등이 있다.

◇ 저폐(楮幣)란 무엇인가?

저폐란 곧 저화(楮貨)로서 종이 돈을 말한다. 천신(天神)에게 제(祭)를 올릴 때, 이 종이 돈을 태운다. 종이 돈을 태울 때는 반드시 한

장 한 장 접어서 불에 넣어야 한다. 접는 이유는 이미 사용한 돈임을 표 시하기 위한 것이다.

접지 않으면 사용 가능한 지폐라는 뜻이 되므로 절대 잊지 말고 접어서 사용해야 된다. 또한 타는 종이 돈은 들추지 말아야 한다. 왜냐하면 타버린 종이 돈이 흩어지면 신과 귀가 쓸 수 없게 되기 때문이다. 저폐는 제품(祭品) 전문점에 가면 살 수 있다.

종이 돈은 다음 몇 가지로 나눌 수 있다.

첫째, 태극금(太極金)은 중앙에 금박(金箔)이 붙어 있고, 그 금박에는 재선(財仙)·자선(子仙)·수선(壽仙) 등 삼선(三仙)의 사진이 들어 있으며 다른 것보다 조금 크다.

오천상제(昊天上帝)·옥황상제·삼계공(三界公)·두군(斗君)… 등 천신(天神)에게 제를 올릴 때 이 종이 돈을 태운다.

둘째, 천공금(天公金)은 금박에 '고답은광(叩答恩光)'이라는 네 글 자가 있으며, 흔히 가내에서 천공·삼계공에게 제를 올릴 때 사용한 다. 그 쓰임새는 태극금과 같다.

셋째, 수금(壽金)은 금박에 '수(壽)' 자가 들어 있고 일반 신불에게 제를 올릴 때 태운다.

넷째, 예금(刈金)은 금박에 삼선이 찍혀 있으며 쓰임새는 수금과 같다.

다섯째, 복금(福金)은 정방형에 금지(金紙)보다 작고 얇은 주인백지(朱印白紙)가 붙어 있다. 전문 토지공(土地公)과 지기주(地基主)에게 제를 올릴 때만 사용한다.

여섯째, 중금(中金)은 작은 장방형으로, 외방(外方)의 신명(神明)에게 제를 올릴 때만 사용한다.

일곱째, 은지(銀紙)는 크기가 작으며 은박이 붙어 있다. 보도음공(普度陰公)의 망령에게 제를 올릴 때 이 돈을 태운다.

◈ **답강보두(踏罡步斗)란 무엇인가?**

부적에는 '답강보두'나 '강(罡)'자가 자주 쓰인다. 여기에서 강과 두(斗)는 모두 북두칠성을 가리킨다. 즉 답강보두란 하늘의 북두칠성을 우러러보면서 그 성상(星象)대로 지면을 밟는다는 뜻이다.

답강보두를 할 때에는 반드시 정신을 가다듬고 티끌만한 잡념도 없어야 한다. 왼손에는 검결(劍訣)을, 오른손에는 뇌인(雷印)을 쥐고, 걸음걸음마다 주문을 읽으며 조금의 오차도 없이 온건(穩健)하게 발을 내디뎌야 한다.

답강보두법에는 그 종류가 매우 많다. 크게 나누어 정법(正法)인 호두(好斗)법과 사법(邪法)인 태두(斗)법 두 종류가 있다.

첫째, 호두법에는 칠성두(七星斗)와 삼대산길두(三臺産吉斗)·옥녀과하두(玉女過河斗)·화하두(和河斗)·팔괘두(八卦斗)·구성두(九星斗)·오성두(五星斗)… 등이 있다.

둘째, 태두법에는 천라두(天羅斗)·지라두(地羅斗)·미혼두(迷魂斗)·단로두(斷路斗)·금정두(金井斗)·칠살두(七煞斗)·오귀두(五鬼斗)·추혼두(追魂斗)·출병두(出兵斗)·반궁두(反宮斗)… 등이 있다. 위에서 칠성두·삼대산길두·옥녀과하두… 등에서의 '두'는 모두 별 이름이다. 별다른 말 없이 '두'라고만 할 때에는 대개 북두(北斗) 를 지칭하지만 '두' 의 본래 뜻은 북두 · 남두(南斗) · 소두(小斗) 세 별 자리의 총칭이다.

아래의 차트는 몇 개의 별자리를 그림으로 나타낸 것이다.

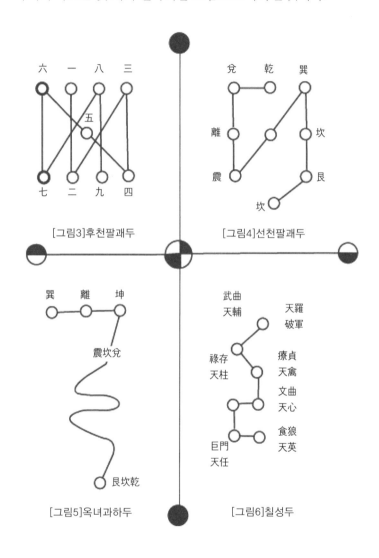

[그림3]후천팔괘두

[그림4]선천팔괘두

[그림5]옥녀과하두

[그림6]칠성두

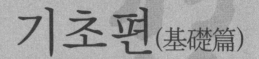

기초편(基礎篇)

고문화의 수수께끼, 부적

1. 부적의 근원

부적과 무술(巫術)은 중국 오술(五術)의 하나로서 그 유래가 매우 오래 되었다. 그러나 언제 어디서 어떻게 기원되었는지는 알 수가 없다. 일부 부적가(符籍家)들은 장천사(張天師)가 그 시조(始祖)라고 하지만 그것은 문외한들의 주장이다. 장천사는 부적을 집대성했고 또 그 것을 널리 전파한 사람에 불과하다.

고서 『만법귀종(萬法歸宗)』에 전해오는 많은 신비로운 부적들을 보면, 부적지술(符籍之術)은 일찍이 황제(黃帝 : 皇帝가 아니다)시대 때부터 매우 성행했음을 알 수 있다.

고서 『용어하도(龍語河圖)』에는 이런 말이 있다.

'하늘이 현녀(玄女)를 시켜 인간 황제(黃帝)에게 치우(蚩尤)를 제압하는 신부(神符)를 전하게 하였다. 이날 밤 황제가 꿈을 꾸었는데, 서왕(西王)마마께서 부적 사용법을 가르쳐주시었다. 황제가 서왕모(西王 母)에게 부적을 청하였더니, 검은 거북 한 마리가 등에 부적을 업고 물 속에서 헤엄쳐 나와 전해주었다. 이튿날 황제는 이 부적으로 치우를 제압하였다. …이때부터 부적이 전해져 내려온 것이다.'

비전(秘傳)에 따르면, '원광부적(圓光符籍 : 부적의 한 종류)' 의 생성에 관한 이야기가 담겨 있다.

'천년 묵은 산중(山中) 괴물과 수중(水中) 괴물들이 선계(仙界)에 숨어들어 선초(仙草)와 선과(仙果)를 훔쳤다. 이런 일이 계속 반복되자 신선들은 그 괴물들을 몹시 미워하게 되었고 결국에는 원광술(圓 光術)을 발명해냈다. 원광술을 사용하면 어떤 괴물이 선과와 선초를 훔쳤는지, 어디로 피신했는지 모두 밝혀낼 수 있었다. 그러자 요괴들은 선계(仙界) 대신 인간세계로 내려와 인간들을 괴롭히기 시작했다. 인간계의 사승상(謝丞相)에게는 예쁘고 착한 딸이 있었는데 요정(妖精)에게 미혹된 후로 점차 여위어 갔다. 승상이 제를 올리자 상청궁(上淸宮)의 노군(老君)께서 이 모두가 요괴의 짓임을 알고 여러 신선에게 원광부적(圓光符籍)을 만들어 인간 세상에 널리 유포하도록 했다……'

이 이야기를 통해 부적과 무술(巫術)이 이미 오랜 세월 전해 내려온 문화이며, 황제(黃帝 : 皇帝가 아니다) 이전부터 존재했고 또 매우 성행했음을 알 수가 있다.

부적은 정법(正法)과 사법(邪法) 두 파로 나눈다. 부적에 관한 서적은 정법에 속하고, 사법은 대개 사적(私的)인 것으로 비밀리에 전수되며 공개적으로 전수하는 일은 극히 드물다.

2. 부적의 의의

부적은 도가에서 악귀를 쫓고 재앙을 물리치기 위해 사용하는 이상 야릇한 글자를 적은 종이다. 병을 치료하고 악귀를 쫓으며 재앙을 물리치고 행운을 비는 일에 사용된다.

고서『도법회원서부필법(道法會元書符筆法)』에는 아래와 같은 말이 적혀 있다.

'부적은 합(合)이며, 신(信)이다. 다시 말하면 차신(此神)과 피신(彼神)을 합(合)치는 것이고, '이 기(氣)'와 '저 기(氣)'를 합친다는 것이다. 신(神)과 기(氣)는 무형(無形)이지만 부적에서는 그 형태를 느끼게 한다. 이곳에서 작(作)하면 저곳에서 응(應)이 되며, 이쪽에서 감응된 것이 바로 저쪽의 정령(精靈)인 것이다.'

또 이어서 말하기를 '부적은 음양의 계합(契合)이며, 인간 세상에서 오직 지극한 성의(誠意)를 가진 사람만이 영험(靈驗)을 볼 수 있다. 정령과 정령이 서로 의탁하고, 신(神)과 신(神)이 서로 의지하고 있다. 이 때문에 조그마한 부적 한 장으로도 신(神)과 귀(鬼)를 요청만 하면 신과 귀는 응대 안 할 수가 없는 것이다.'

여기서 한 가지 주의할 점은 믿음을 가지되 너무 심취하지 않아야

한다는 것이다. 그래야만 심령(心靈)의 의탁이 되고 치료가 제대로
될 수 있다.

부적지술(符籍之術)은 한(漢)나라 때 매우 성행했으며, 후한(後
漢) 시대에 이르러 장천(張天)이 창건한 천사도(天師道)가 집대성해
서 정일파(正一派)를 이루었다. 이러한 까닭에 후대 사람들은 장천사
(張天師)를 부적의 창시자로 잘못 알고 있는 것이다.

고서 『한천사세가(漢天師世家)』에서는 이렇게 말하고 있다.

'사람들은 장도릉(張道陵) 천사(天師)가 최초로 시행한 도를 천사
도 (天師道)라고 불렀다. 그에게서 도를 배우는 사람들은 쌀 닷 말(五
斗米)을 바쳤으므로 처음에는 오두미도(五斗米道)라고도 했다. 그리
하여 부적으로 질병을 치료하면 거의 모두 치유되곤 했다.'

3. 부적의 유별(類別)

부적의 종류를 나누는 방법에는 세 가지가 있다.

첫째, 도형과 문자로 분류한다.

이 방법은 또 다시 두 가지로 나뉘어진다.

그 중 한 가지는 도저히 해석할 수 없는 도형과 문자로 이루어진 부
적으로서 일반인들은 그 내용을 전혀 알 수 없으며, 아무나 그릴 수
있는 것도 아니다. 오직 신의 위탁을 받은 도가자(道家者)만이 그릴
수 있다. 그리하여 이런 부적은 지금까지도 매우 신비로움을 자아낸
다. 예를 들어, 포박자(抱樸子)의 '입산부(入山符)'가 이에 속한다.

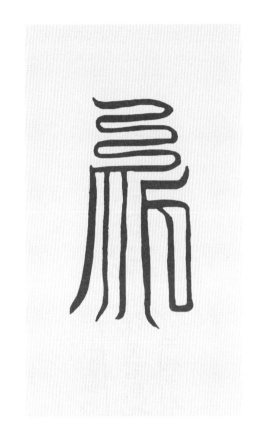

[그림7]입산부

이 부적은 태산노군(太山老君)의 입산부(入山符)다. 전서(篆書)를 본떠 그린 것이지만, 그 뜻을 해석하기는 매우 어렵다.

이 부적은 몸에 지니고 있든지 또는 나뭇조각에 새겨도 되며, 등산 입구나 혹은 집의 들보 위에 올려두면 악귀를 물리칠 수 있다.

또 다른 한 가지 방법은 문자와 도형을 길게 늘여서 그리는 것이다. 이런 부적은 한(漢)나라 이후부터 쓰기 시작했는데, 도술(道術)이 매우 높은 도사(道士)가 심중(心中) 기원을 바탕으로 그린 것이다.

그 대표적인 것이 진수부다.

[그림8]진수부(鎭水符)

이 부적은 한나라 이후에 그려진 부적이다. 이런 종류의 부적은 문자와 도형을 길게 늘여서 그린 것이므로 이해하기도 쉽다. 이것은 수재(水災)를 방지하는데 사용한다.

둘째 방법은 부적의 쓰임새에 따라 분류하는 것이다.

이처럼 쓰임새별로 하나하나 자세하게 나열한다면 아마 의학상의 분류보다 훨씬 더 많을 것이다. 예를 들면, 병을 다스리는데 쓰이는지 혈부(止血符), 정신병 치료용부(用 符) , 안과용부, 화상용부, 정종(腫) 용부 등이 있으며, 소아과용으로는 놀람 · 진정용부, 24관살(關煞)용 부, 야뇨증용부, 야제병(夜啼病) 용부 등이 있다.

화합(和合)용으로는 부부 화합부, 부자(父子) 화합부, 시아버지와 며 느리 화합부 등이 있으며, 임부용으로는 태사복중(胎死復中) 용부 등이 있다.

이외에도 평안부, 진택(鎭궂)용부, 상장(喪葬)용부, 혼일(婚日) 용부, 정신부 등 이루 헤아릴 수 없을 정도로 많다.

셋째, 부적의 용법에 따라 분류하는 방법이 있다.

● 붙임용부(첩부용부) _우리가 일상에서 볼 수 있는 붙임용부는 진택부(鎭宅符) · 평안부(平安符) · 태세부(太歲符) · 가축번성부(六畜興旺符)가 있다. 이들 중 어떤 것은 신위(神位)에 붙이고, 어떤 것은 들보에, 어떤 것은 침대 밑에, 또 어떤 것은 베개 밑에 붙인다[이하 '붙임' 혹은 '첩부(貼付)' 라고 한다].

● 화식부(化食符) _일상생활에서 이런 부적을 자주 접할 수가 있는데, 일명 '부령(符令)'이라고도 한다. 이런 부적은 불에 태워 그 재를 그릇에 담고 끓는 물에 풀어 식힌 다음 천으로 깨끗이 걸러서 세 모금 마신 뒤 남은 것은 이마에 바른다.
부적은 음(陰)에 속하므로 반드시 끓는 물을 써야만 효험이 있다 (이하 '음복(飮服)'이라고 한다).

● 평안부(平安符) _호신부(護身符) 혹은 피사부(避邪符) 등이다 (이하 '몸에 지님'이라고 한다).

● 전약부(煎藥符) _한의(韓醫)의 처방과 동시에 한두 장의 부령(符令)을 첨가하여 함께 달여 먹는 부적이다(이하 '약에 달임'이라고 한다).

● 방수부(放水符) _이런 종류의 부적은 대부분이 부부화합부나 남녀상사부(男女相思符)다. 이런 부적은 흐르는 물에 띄워 멀리 보낸다(이하 '물에 띄워'라고 한다).

● 세부(洗符) _안질이나 몸을 씻는데 쓰인다. 부령(符令)을 세숫대야에 넣고 이 물로 질환 부위나 몸을 씻는데 쓴다(이하 '씻기'라고 한다).

4. 부적 · 주문 · 수인(手印)

부적과 주문은 3가지 항목, 즉 부적 · 주문 · 수인으로 이루어져 있다. 일반적으로 한 장의 부적을 완성하기 위해서는 반드시 이 세 가지 항목이 들어 있어야 한다. 물론 예외가 있지만…. 부적과 주문 · 수인을 비교해 보면 다음과 같다.

도교에서는 부적과 주문 사용에 비교적 치우치고 있다. 수인은 이차적이며, 때로는 전혀 쓰지 않는다.

불교에서는 주문 사용에 많이 치우치고 있다. 부적과 수인은 전혀 쓰지 않는다.

밀종(密宗)에서는 수인을 많이 사용한다. 주문은 별로 쓰지 않고, 부적은 보기도 매우 어려울 정도다.

부적을 그릴 때 반드시 지켜야 할 점

'부적을 그릴 줄 모르면 귀신까지도 당신을 비웃는다.'

이것은 부적가(符籍家)들 사이에서 떠도는 말이다.

법문(法文)을 쓰는데도 일정한 격식과 순서가 있듯이, 부적을 그릴 때에도 일정한 격식과 규칙이 있다.

마치 언어와 문자를 사용할 때 문법에 맞아야 비로소 의사가 소통 되 듯이 부적도 마찬가지다. 부적은 변화무쌍하여 문외한은 도저히 알 수 없지만, 부적에 정통한 사람은 첫눈에 부적을 그린 사람의 도행(道行) 수준이나 그 부적의 용도를 알 수 있다.

1. 법사(法師)들이 지켜야 할 법규

무릇 부적을 공부하는 법사는 충의(忠義)를 근본으로 삼으며, 세상 사람들을 구제하는 것에 목적을 두어야 한다.

교성(巧聖) 선사(先師)께서는 다음과 같은 교시를 남겼다.

첫째, 불충(不忠)·불효(不孝)·불인(不仁)·불의(不義)한 자에게는 전수하지 말아야 한다.

둘째, 사도(師道)를 존중치 않는 자의 남용을 금한다.

셋째, 마음이 바르지 않고 행동이 경망스러운 자에게 전수하는 것은 절대로 금한다.

2. 금기일(禁忌日)과 금기

부적을 그릴 때에는 반드시 피해야 할 날이 있다. 절대 이 금기일(음력)에는 부적을 그리지 말아야 한다. 명심 또 명심해야 한다.

3월 초九일, 6월 초二일, 9월 초六일, 12월 초二일

음력으로 매달 초一일, 十五일은 재계(齋戒)의 날이다.

구독일(九獨日 : 독숙의 아홉 날)에는 각방을 쓰든지 부부 동침을 삼가 고 방사는 엄히 금한다(구독일은 매년 변하므로 『홍피통서』를 참조한다).

두렁허리와 개구리는 먹지 말아야 한다.

생명은 구하고(救生), 살생(殺生)은 금한다.

3. 부적을 그릴 때 마음가짐

옛날에는 아무리 힘들어도 부적을 꼭 그려야 했지만, 오늘날에는 복사해서 간직해도 된다. 하지만 예나 지금이나 반드시 경건한 마음과 정성을 다하는 태도를 취해야 한다.

부적을 그리기 전에는 소식(素食)하며 목욕이나 양치질도 철저히 해야 한다. 경건하고 정성스런 마음의 표시이기 때문이다.

손을 깨끗이 씻고 붓과 먹ㆍ벼루ㆍ종이ㆍ물ㆍ주사(朱砂) 등 부적을 그리는데 필요한 도구를 마련한다. 모든 준비를 마쳤을 때 신명(神明)이나 상천(上天)을 향해 기도를 올리면서 부적을 그리는 이유를 아뢴다. 즉 재액을 물리치기 위해서라든지 질병을 치유하기 위함이라든….

향을 피우고 제를 올린 다음 부적을 그린다. 그림은 단숨에 그려야 하며 잡념이 없어야 한다. 그래야만 신비한 효력을 발휘할 수가 있다.

'성심을 다하면 천지(天地) 제신(諸神)도 감동한다'는 속담이 있듯이.

4. 부적 그리기 연습

동남쪽을 향해 똑바로 서서 붓을 쥐고 단숨에 그린다. 중도에 말을 해서는 안 된다.

부적 그리는 연습을 할 때 주의할 점은
첫째, 벽돌에 연습하는 것이 좋다.
둘째, 그리기 연습을 할 때는 '부적 그리기를 연습하는 중이므로, 제 신께서는 내려오시지 마소서' 라고 종이에 써서 출입문 위에 붙인다. 이는 신명을 존중한다는 의미다.

5. 부적을 그리는 시간

부적이 가장 영험하고 또 부적을 그리기에 가장 좋은 시간은 자시(子時)다. 밤 11시에서 새벽 1시 사이다. 왜냐하면 이때가 바로 음양이 교체되는 시각이기 때문이다. 이 시각은 신명(神明)에게도 상달(上達)이 잘 되고 귀매(鬼魅)에게도 하달(下達)이 잘 되기 때문이다.

부적의 구성

부적은 도형(圖形)과 비자(秘字)의 조합으로 이루어져 있다.

비자의 조합 원칙은 '우(雨)' 자를 군(君)으로 하고 '귀(鬼)' 자는 신(臣)으로 한다. 혹은 '늑령(勒令)' 자를 주체로 하고 있다.

그러므로 한 장의 부적은 팔괘도(八卦圖)·일월성신도(日月星辰圖) 등의 도형과 태상노군(太上老君)·구천현녀(九天玄女) 등의 신명(神名), 그리고 칙령(勅令)·뇌령(雷令) 등의 비자로 구성된다.

1) 신을 청하고 군대를 이동하는 부적에는 반드시 '칙령' 두 자가 쓰이고, '강(罡)' 자로 끝을 맺는다.

2) 무릇 흉포(凶暴)를 진압하거나 사악을 물리치는 부적에는 참(斬)·멸(滅)·퇴(退)·관(關)·치(治)·착(捉)·수(遂)·진(鎭)·수(首)·정(定)·주(誅) 등의 글자를 쓰는데, 이 글자 뒤에는 반드시 귀(鬼)자가 동반되어야 한다.

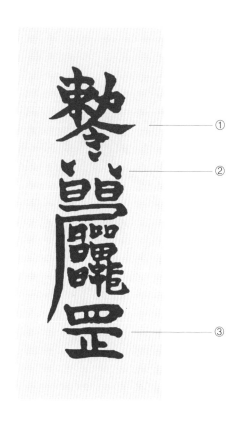

①의 '칙령'은 비자다. 신을 청하고 군대를 이동하며 장군을 파견하기 위해 쓰는 부적에는 이 두 글자를 반드시 넣는다.

②의 세 점은 성황(城隍)·토지(土地)·조사(祖師) 등 삼계공(三界公 : 天宮, 地宮, 水宮)을 나타내는 것이다.

③의 강(罡)은 천강(天罡)의 약어(略語)로서 북두칠성 중 첫번째 별의 이름인데 군대의 우두머리를 나타낸다. 군대를 이동하려면 우두머리의 강인(罡印)을 찍어야만 효력이 나타난다.

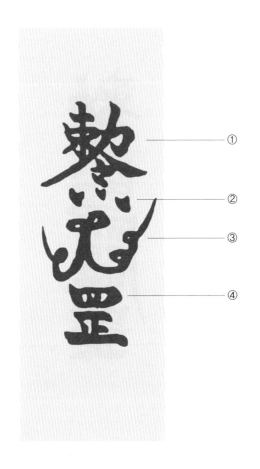

① 의 '칙령' 은 비자다.

② 의 세 점은 성황 · 토지 · 조사 등 삼계공을 나타내는 것이다.

③ 의 기호는 신과 장군을 요청하는 것이다.

④ 의 강은 곧 강인이다. 강인을 찍었다는 것은 이 부적이 유효함을 나타낸다.

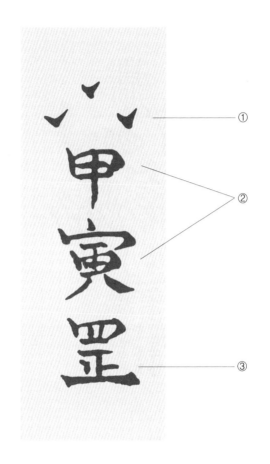

①의 세 점은 태상노군 · 원시천존 · 통천교주(通天敎主)등 삼청(三
淸)을 나타내는 부호다.

②의 갑인(甲寅)은 육갑천장(六甲天將) 중의 한 분이다.

③의 강은 곧 강인이다.

④ 이 부적은 소아 야제병(小兒夜啼病)에 쓰인다.

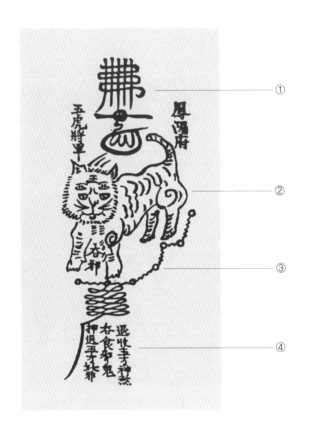

①은 조사(祖師) 교령(敎令)을 나타낸다.

②는 봉양부(鳳陽府)의 오호장군(五虎將軍 : 범 할아버지)을 나타낸
다. 이 범은 악귀를 잡는다.

③은 북두칠성인 성진도(星辰圖)다.

④는 '부복내(符腹內)' 라 부르는, 부적의 중앙에 용도를 밝히는 것이
다. 탄사(呑邪 : 사악을 삼킨다)가 이 부적의 쓰임새를 나타낸다.

⑤ 이 부적은 잡귀를 물리치는 참요치사(斬妖治邪)용부다.

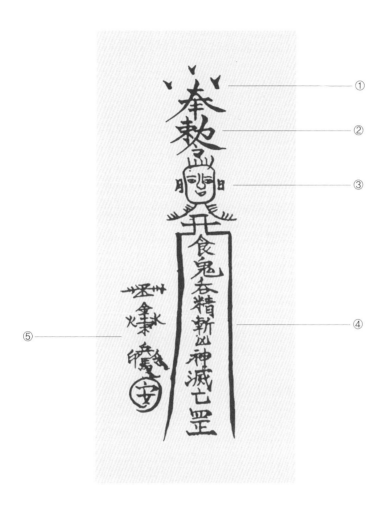

①의 세 점은 삼청을 나타낸다.

②는 명령의 뜻을 가진 비자다.

③은 사람 모양의 도형으로 귀왕(鬼王)을 나타낸다.

④는 부복내로서 이 부적의 용도를 밝힌다.

⑤는 부각담(符脚膽)이며, 비자들로 이루어졌고 부적 중에서 매우 중요한 위치에 놓여 있다. 한 장의 부적에 부각담(符脚膽)이 없으면 마치 집 대문에 자물쇠가 없는 것과 같아 나쁜 자들이 수시로 출입하게 된다.

⑥이 부적은 잡귀를 물리치는 참요치사(斬妖治邪)용부다.

3) 세 개의 점이 그려져 있는데, 이는 삼청(三淸 : 玉淸·上淸·太淸)이나 삼계공(三界公 : 天宮·地宮·水宮)을 나타내는 것이다. 세 점이 칙령 위에 있을 때는 삼청을 나타내고, 칙령의 아래에 있을 때는 성황·토지·조사 또는 삼관대제(三官大帝)를 나타낸다.

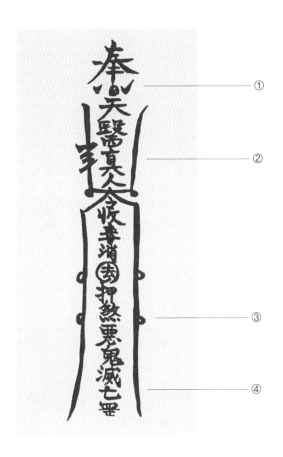

①은 삼청을 나타낸다.

②의 천의진인(天醫眞人)은 신명(神名)으로 천의성(天醫星)이라고
　도 부른다. 병 치료에는 항상 이 신을 찾는다.

③은 부복내로서 이 부적의 용도를 써넣는다.

④는 강인이다. 일명 부각담(符脚膽) 혹은 부담(符膽)이라고도 한다.

⑤ 이 부적은 온역(溫疫)을 쫓는 부적이다.

실용편(實用篇)

1장 재운(財運)을 부르는 부적

◉ 재운(符腹)을 부르는 부적

여기에 소개되는 부적들은 위패에 모시거나 벽에 붙이고 혹은 잠잘 때 베개 밑에 깔아야 한다. 부적의 유효 기 간은 일년이므로 일년이 지나면 정중 한 마음으로 태우고 또 새로운 부적을 다시 모셔야 한다.

● 부복(符腹)내에 연월일시를 써넣는다.

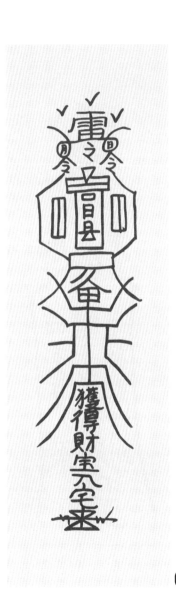

14

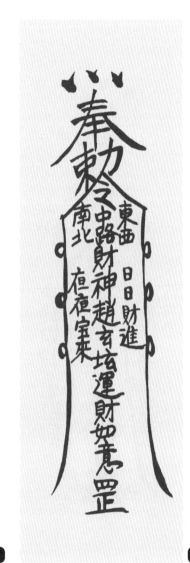

15

⊙ 빚 독촉에 사용하는 부적

● 빚을 지고도 끈질기게 갚지 않는 사람을 제재할 때 쓴다. 부적 뒷면에 채무자의 이름을 써서 침대 다리에 붙인다. 혹은 요 아래에 깔아둔다.

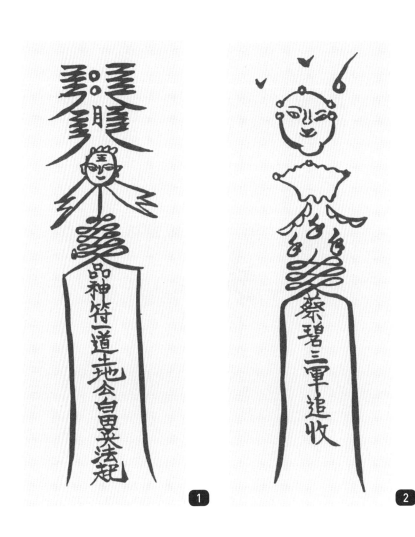

● 이 부적은 7장 만들어 채무자의 이름과 주소를 써넣는다.

다른 곳으로 이주 해 주소를 모른다면 예전 주소를 써넣는다(생년월일까지 써 넣으면 더욱 좋다). 매일 자시(子時 : 밤 11시부터 이튿날 새벽 1시 사이)에 채무자 의 이름을 7번 부르면서 한 장을 태운다.

연속하여 7일 동안 똑같이 실시한다. 저폐 (楮幣) 수금(壽金)을 구할 수 있으 면 함께 태운다. 65페이지의 부적과 함께 쓰면 효과가 더 좋다.

● 이 부적을 2장 만든다.

채무자의 이름과 주소를 써서 침대 다리에 붙인다. 생년월일까지 써넣으면 더욱 좋다. 64페이지의 부적과 함께 사용하면 더 좋은 효과를 얻을 수 있다.

2장 진택용부(鎭宅用符)

⊙ 진택(鎭宅)과 피사(避邪)의 비결

집의 악귀를 몰아내고 사기(邪氣)를 물리치는 데는 다음 몇 가지 중요한 비결이 있다.

첫째, 우리 주택 내의 신묘(神廟)가 사(寺 : 불교 스님의 거처)나 관(觀 : 도교 도사의 거처)과 마주하고 있으면 대단히 흉하다. 이때는 큰 돌에 붉은색으로 '옥청(玉淸)'이라고 써서 사나 관과 곧바로 마주 보도록 하면 매우 길해진다.

둘째, 뾰족한 나무가 주택을 향해 마주했을 때는 매우 흉하다. 이때는 톱을 이용하여 측백나무 널빤지를 1자 33cm 길이로 자른 다음 쇠도끼로 잘 다듬는다. 그리고 붉은색으로 '노반작용(魯班作用)'이라고 써서 거실의 정면 중앙에 걸어두면 길해진다.

셋째, 돌출 부분이 있는 주택은 도둑이 잘 든다. 이때는 큰 돌에 붉은 색으로 '옥제(玉帝)'라고 써서 방에 놓아두면 도둑을 막을 수 있다.

넷째, 사원(寺院) 앞이나 뒤에 자리한 집의 주인은 음란(淫亂)하므로, 큰 돌에 붉은색으로 '삼봉성후(三蓬聖后)'라고 써서 주택 내에 놓아두면 길해진다.

다섯째, 악귀의 살(煞 : 독한 기운)에 시달리는 주택은 흉하다. 붉은 색으로 '뇌살(雷殺)'이라고 써서 주택 내에 놓아서 된다.

여섯째, 사당 지붕의 용마루와 곧바로 마주하고 있는 주택은 흉하다. 돌에 붉은색으로 '촬기(撮氣)'라고 써서 주택 내에 놓아두면 제압된다.

일곱째, 도로와 곧바로 마주한 주택은 흉하므로 큰 돌에 붉은색으로 '태산석감당(泰山石敢當)'이라 써서 주택 내에 놓아두면 길해진다.

여덟째, 이웃집 지붕의 용마루와 곧바로 마주하고 있는 주택은 흉하다. 큰 돌에 '건원(乾元)'이라 써서 주택 내에 놓아두면 길해진다.

아홉째, 출입문이 연자맷간과 곧바로 마주하고 있으면 흉하다. 큰 돌에 '건강무기(乾戊己)'라고 써서 주택 내에 놓아두면 길해진다.

열째, 집 양쪽에 다른 집이 잇달아 있으면 흉하다. 이때는 큰 돌에 붉은색으로 '천통(天通)'이라고 써서 주택 내에 놓아두면 길해진다.

열한째, 사당에서 사용했던 목재를 다시 이용하면 흉하다. 이때는 목재에 붉은색으로 '금강(金剛)'이라고 써 놓으면 길해진다.

열두째, 건축이나 집수리를 할 때 태세(太歲)를 침범했다면(210페이지 7장 참조) 붉은 돌을 그곳에 묻고, 천덕(天德)토 한 되와 태세(太歲)토 한 되를 혼합해서 사람을 빚어 가묘에 넣어두면 길해진다.

열세째, 복을 기원하는 사복판(賜福板)

이 사복판은 타인의 지붕 용마루나 벽에 못으로 박아두는 것이다. 한 가지 주의할 것은 그 집주인에게 '천관사복(天官賜福)'이라는 네 글자를 써달라고 부탁해야 하며 자신이 직접 쓰면 안 된다.

열네째, 집수리 기공이 순조롭기를 기원하는 강태공부(姜太公符)

天無忌

地無忌

姜太公在此

陰陽無忌

百無禁忌

무릇 기공(起工)을 위해 첫 삽을 뜰 때나 집수리를 시작할 때는 강태공부를 사용하면 길하다.

　노란 종이에 써야 하며 흰 종이에 쓰면 좋지 않다.

　열다섯째, 재액(災厄)을 물리치는 진택(鎭宅) 거울

　문 위에 영상이 거꾸로 비치는 오목 거울을 걸어두면 정면에 있는 고층 건물이나 사원·이웃집 용마루 및 깃대 등이 발사하는 재액을 모두 막아낼 수 있다.

⊙ 집의 악귀를 몰아내는 진택(鎭宅)부(붙임)

● 1번 부적과 2번 3번 진택부는 방안에서 서로 마주 보게 붙인다. 즉 1번 진택 부는 주택 안쪽을 향해 붙이고 3번, 2번 진택부는 안에서 바깥쪽을 향해 붙인다.

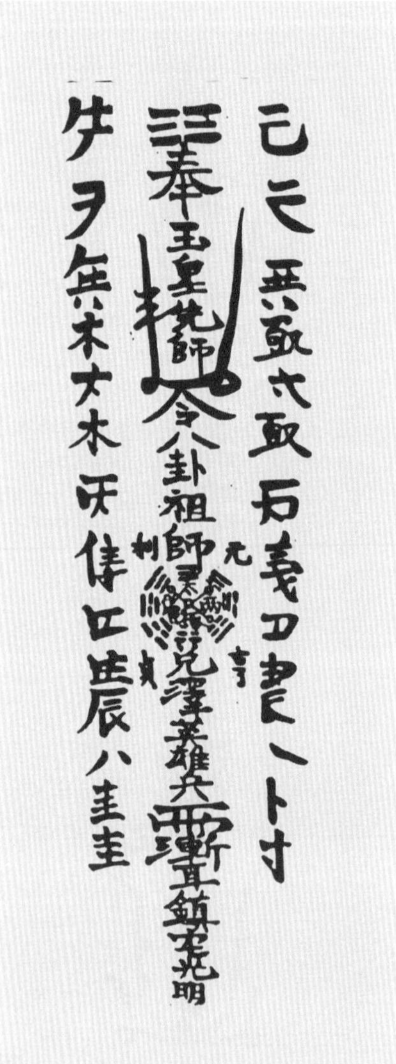

2

3

● 진택부는 보통 신주 (위패) 의 왼쪽에 붙인다.

4

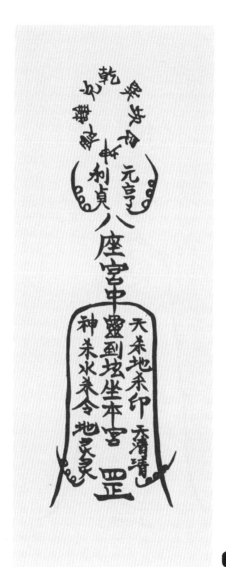

❶ 진택(鎭宅)도 하고 길하게도 하는 부적(鎭宅吉利符)

● 붉은 종이나 천에 검은색으로 그려도 된다. 새 주택을 낙성할 때 쓰는것이 가장 좋다. 대청이나 대문 입구에 붙이면 가운이 번창한다.

❷ 의심 병이 심해 집안이 항상 불안할 때 쓰는 부적(五雷滅鬼鎭宅符)

● 노란 종이에 붉은색으로 그려도 된다. 대청이나 문 입구에 붙인다.

7

❸ 새집의 악귀를 몰아내고 가운이 트이게 하는 부적(鎭宅光明符)

● 노란 종이에 붉은색이나 검은 색으로 그려도 된다. 이주나 세를 내어 새 집에 들어갈 때 혹은 음력설을 셀 때 대청이나 위패에 이 부적을 붙이면 집 안의 운세가 확 트인다.

❹ 새 주택에 이로운 부적(鎭宅平安符, 붙임)

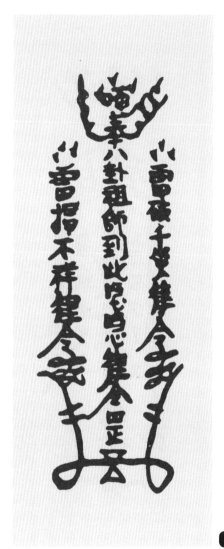

⑤ 가정을 안녕케 하는 부적(安宅押煞符, 붙임)

10

❻ 가정을 안녕케 하는 부적(七星鎭宅平安符) (붙임)

11

❼ 문 앞에 큰 기둥이 우뚝 서 있을 때 쓰는 부적(붙임)

12

8 집안이 깨끗하고 안녕케 하는 부적(家宅平安符)

● 부적을 태우고 그 재를 물에 풀어서 마당에 뿌리면 온 집안이 편안해진다.

❾ 집안에 시비를 없애고 안녕케 하는 부적(五雷平安符)

● 집안에 시비가 많을 때 말썽 많은 곳에 붙이면 집안이 편안해진다. 노란 종이에 붉은색으로 써도 된다.

14

⑩ 가내에 추문(醜聞)을 없애는 부적(破穢平安符)

● 추문이 생겼을 때 관련된 곳에 붙이면 추문은 사라지고 집안도 편안해
진다. 노란 종이에 붉은 글씨로 써도 된다.

⑮

⑪ 집의 악귀를 몰아내고 안녕케 하는 부적(鎭宅平安符)

● 문 위나 방안에 붙이면 집안이 편안해진다. 노란 종이에 붉은색으로 써도 좋다.

⑫ 집안의 악귀를 몰아내고 편안하게 하는 부적(鎭宅平安符, 붙임)

17

⑬ 집안을 안녕케 하는 부적(鎭宅平安符, 붙임)

⑭ 5방위(東, 西, 南, 北, 中) **신에게 안녕을 기원하는 부적**(南에 붙이는 부적)

● 이 부적부터 다음 5개의 부적을 여러 가지 색종이에 그려서 5방위의
자리에 붙이면 집안이 편안해진다.

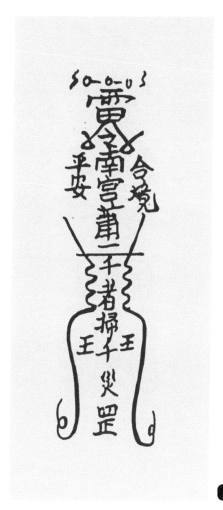

⑮ 5방위 신에게 안녕을 기원하는 부적(北에 붙이는 부적)

20

21

㉒

⑲ 악귀를 몰아내고 집안을 안녕케 하는 부적(붙임)

● 뚜렷한 자리에 붙이면 집안이 편안해진다. 붉은 종이에 그려도 된다.

⑳ 악귀를 몰아내고 집안을 안녕케 하는 부적(鎭宅驅犯符)

● 뚜렷한 자리에 붙이면 집안이 편안해진다. 붉은 종이에 그려도 된다.

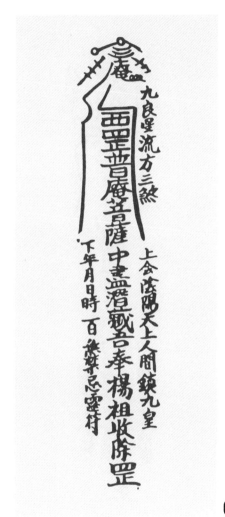

25

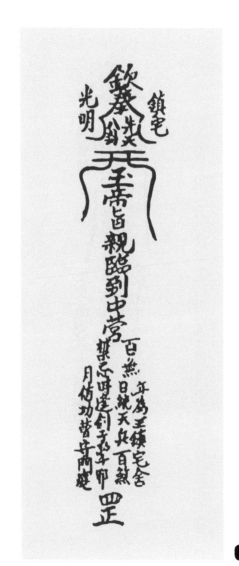

26

㉒ 큰 재앙을 피면 하고 재액을 몰아내는 부적(붙임)

⑲ 가운을 번성하게 하는 부적

● 문 입구에 붙여두면 온 집안이 길하고 평안하며 여의(如意)·흥한다. 붉은 종이로 만들어 매년 한번씩 부적을 바꾸면 더욱 좋다.

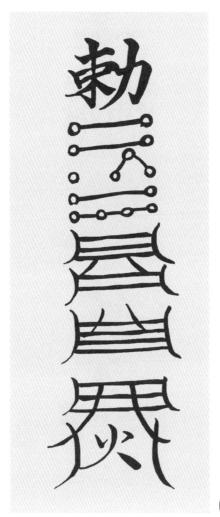

28

3장 상희사(喪喜事)에 사용하는 부적

◉ 혼사에 사용되는 부적1

① 혼인날에 사용되는 봉황부(鳳凰符)

● 객실 신주(위패)의 왼쪽에 붙인다. 노란색이나 붉은색 종이에 검은 글씨로 써도 좋다.

❷ 혼인날에 사용되는 기린부 (麒麟符)

● 기린부는 신부가 탄 자동차의 바람막이 유리나 잠자리 곁 또는 거실 밖 현관이나 문미(門楣)에 붙인다. 검은 글씨로 붉은 종이에 써도 좋다.

⊙ 상사(喪事)에 사용되는 부적

1 상사시 삼살(三煞)을 제압하는 부적(붙임)

3

❷ 중상(重喪)에서도 사용할 수 있는 부적

● 중상이란 탈상(脫喪)전에 다시 친상(親喪)을 당하는 것이다.

❸ 묘지 뒤에서 태우는 부적

● 이 부적의 부각담(符胠膽)은 묘지의 방향에 따라 결정된다.
남향일 때는 '남방화덕성군(南方火德星君)' 이라 써넣고, 북향일 때는 '북 방화덕성군(北方火德星君)' 이라 써넣는다. 서향일 때는 '서방화덕성군(西 方火德星君)' 이라 써넣고, 동향일 때는 '동방화덕성군 (東方火德星君)' 이라 써넣는다.

5

4장 병 치료용 부적

◉ 음증(陰症) 영혼요법

한의학에서 음증(陰症)은 허약·잠복·냉증 등의 증상으로 나타난다. 이처럼 음증의 범위는 매우 넓다.

부적학가의 관점으로 살펴보면 음증은 사기(邪氣)의 침해를 받아 생기는 것이다. 예를 들면 외출했다가 갑작스레 병사한다든지 혹은 한밤중에 크게 놀란다든지 또는 넋을 잃은 듯이 행동하는 몽유병 등을 모두 음증으로 보며, 살신(煞神)이 꺼리고 싫어하는 언동을 해서 살신을 노엽게 해 병이 생긴 것이라고 생각한다.

과학이나 의약(醫藥)도 지금같이 발전하지 못했던 옛날에는 병에 걸리기만 하면 금신칠살(金神七煞)을 화나게 한 것이라고 여겨 음증을 치료한다는 영료술법(瞰療術法)이 만들어진 것이다. 효과는 차치하고서도 그 당시에는 상당한 고명을 얻었다.

그러나 사실상 과학의 지배를 받고 있는 오늘날에도 불치병이나 알려지지 않은 병은 영료술의 기적에 의해 치료되는 경우가 많다. 때문에 영료(瞰療)는 끊임없이 연구해야 할 하나의 학문인 것이다.

❶ 음증 치료용 부적

● 음복과 씻기에 사용된다.

● 씻기에 사용된다.

2

◉ 기절한 어린아이의 혼을 부르는 부적(小兒收驚法)

기절한 어린아이의 혼을 불러들이는 것을 소아 수경법이라 한다. 흔히 어린아이가 위급한 병이나 인사불성 혹은 경풍 등을 일으켰을 때 어머니가 아이의 옷이나 신발을 가지고 평소 아이가 잘 다니던 곳에 가서 이름을 여러 번 불러서 그 넋을 육체로 불러들인다고 한다.

그 결과 병은 치유되고 어린아이는 언제 그랬었냐는듯이 발병 전 상태로 되돌아온다. 이런 방법은 민간에서 수천년간 계속 전해내려오고 있다.

❶ 밤중에 놀라서 우는 아기의 넋을 되불러들이는 부적

● 아기의 머리에 붙인다. 노란 종이에 붉은 색으로 그려도 좋다.

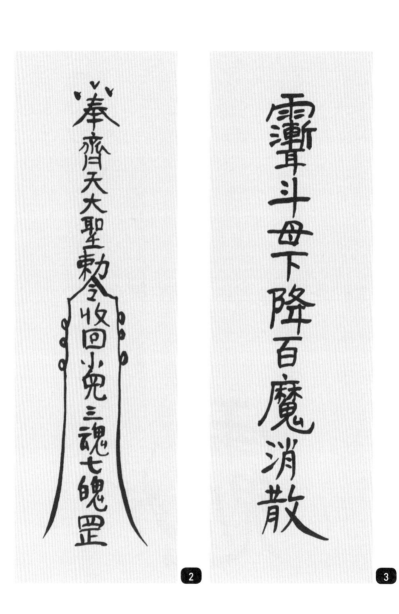

❸ 밤마다 우는 아기의 울음을 멎게 하는 부적(음복)

乾南坤北震東兌西七魄三魂一吸歸中大吉平安罡

⑤

護花娘娘三魂七魄返本化

❻ 놀란 아기의 넋을 육체로 불러들이는 부적(몸에 지님)

7

8

❼ 병(病)과 점점 멀어지게하는 부적(몸에 지님)

● 악한 기운이 점차 사라진다.

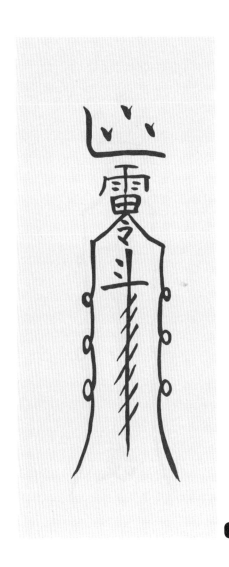

9

⑧ 악질(惡疾)에 시달리고 있을 때 쓰는 부적

● 하나는 음복하고, 다른 하나는 몸에 지닌다.

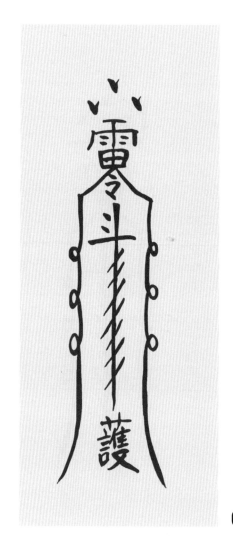

❾ 아기가 먹은 분유를 자주 토할 때 쓰는 부적(음복)

11

⑫

⑪ 놀란 넋을 불러들이는 부적(위패에 붙임)

● 노란 종이에 검은 글씨로 써도 좋다.

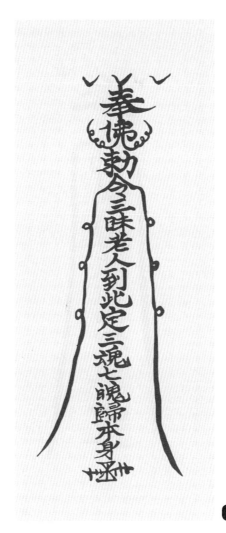

13

⑫ 놀란 넋을 불러들이는 부적(위패에 붙임)

● 노란 종이에 검은 글씨로 써도 좋다.

14

⑬ 놀란 넋을 불러들이는 부적(몸에 지님)

● 노란 종이에 검은 글씨로 써도 좋다.
이 부적을 몸에 지니고 있으면 소아 경풍을 예방할 수 있고 어린아이의
평안·건강을 지킬 수 있다.

놀란 넋을 불러들일 수 있는가?

놀란 넋을 불러들이는 수경(收驚)법은 대만(중화민국)에서는 매우 보편화된 민간요법이다. 어떤 사람은 이를 믿어 의심치 않고 또 어떤 사람은 엉터리라고 어이없게 여기기도 한다. 하지만 나는 두 번씩이나 잊을 수 없는 기묘한 일을 경험했다.

첫번째는 내가 일곱 살 되던 해에 일어났다. 이웃집에서 기르던 큰 사냥개가 나를 덮친 것이었다. 나는 혼비백산하여 고 열로 자리에 눕고 말았다. 어머니는 나를 위해 놀란 넋을 불러 들인다고 한 아주머니를 데려오셨다.

그 아주머니는 술잔에 쌀을 가득 채운 뒤 내가 입던 옷으로 감싼 다음 세 개의 향을 손에 쥐고 중얼거리며 내 주위를 돌기 시작했다. 한참 후 수경(收驚)을 마치고 손에 쥔 옷을 풀어헤치고 술잔을 내밀었을 때 잔에 담긴 쌀들이 알알이 곧추 서 있는게 아닌가? 그리고 얼마 후 고열은 사라지고 나는 다시 제정신으로 되돌아왔다.

두 번째는 내가 열일곱 살 되던 해에 일어났다. 나는 두 친구와 함께 집에서 좀 떨어져 있는 땜으로 야영을 갔었다. 황혼 무렵 그곳을 지나는 뱃사공에게 맞은편에 있는 작은 섬까지 데려다 달라고 부탁했지만 그는 무시한 채 그냥 지나가 버렸다. 한참 궁리 끝 에 우리는 헤엄쳐 건너기로 했다.

그 땜에는 익사하는 사람들이 자주 있었다. 우리가 야영을 간 바로 이틀 전에도 남자 시체가 발견되었다고 했다. 또 물귀신이 자주 출몰한다는 소문도 떠돌았다. 수영에 자신 있었던 나는 물에 뛰어드는 순간까지도 모든 것이 터무니없는 소문이라고 콧방귀를 뀌었다. 그리고 자신만만하게 섬에 다다랐다. 땜을 건너는 동안 아무런 일도 일어나지 않았으므로 뿌듯했다.

그런데 뜻밖에도 그날 밤부터 고열이 나기 시작하여 근 일주일 동안 열은 내리지 않았다. 그리고 더 이상한 것은 누군가가 내 이름만 불러도 심지어 대화 속에 내 이름이 끼어 있어도 온몸이 와들와들 떨렸다.

결국 내 상태를 지켜보던 어머니는 수경을 하던 아주머니를 다시 모셔왔다. 그 아주머니는 예전과 똑같이 반복하고 나서 '자신은 나이가 많아서 효과가 없을지도 모르니 상태를 보아 고명(高明)한 다른 분을 청해야 한다' 는 것이었다.

과연 그 아주머니의 말대로 아무런 효과가 없었다. 어머니는 법력(法力)이 더 강한 다른 분을 새로 청하셨다.

그 아주머니는 우선 향을 피워 신령에게 제를 올린 다음 젓가락 세 개와 공기 하나를 달라고 한 후 공기에 물을 가득 담고 중 얼거리면서 젓 가락을 물그릇에 꽂았다. 그러자 세 개의 젓가락이 그대로 곧 추 서는 것이 아닌가.

그렇게 향불 한 대가 다 탈 무렵까지 바라보고 있노라니 갑자기 향불이 꺼짐과 동시에 '꽝!' 하는 소리가 울려퍼졌다. 그것은 젓가락이 넘어지는 소리였다. 나는 온몸을 부르르 떨었다. 그 이튿날에는 고열도 깨끗이 나았고 모든 것이 정상으로 회복되었다.

◉ 혼백(魂魄)의 안정과 정신병 치료에 쓰는 부적

❶ 혼백을 안정시키는 부적

● 길이 33cm, 너비 11cm 정도 되는 종이에 쓴다.

다른 종이에 환자의 이름과 생년월일을 적은 뒤 이 부적으로 감싸서 위패에 모신 다음 아침저녁으로 신령에게 빌어야 한다.

태극의 둘레에 그려진 선은 36개다. 노란 종이에 붉은 글씨로 써도 된다.

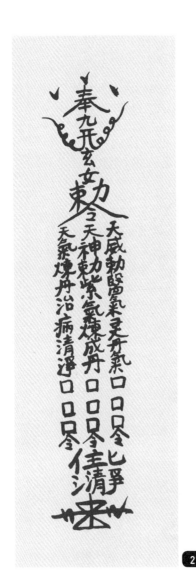

❸ 정신병 치료에 사용하는 부적(몸에 지님)

5

⑤ 구재(救災)와 온역(溫疫)방지에 쓰는 부적

● 위패에 모셔 아침저녁으로 제를 올려야 한다. 몸에 지녀도 된다.
  노란 종이 붉은 글로 그려도 된다.

6

❻ 진택과 호신(護身)하는 부적

● 집안이 불안하고 잡귀의 시달림으로 몸이 괴로울 때 이 부적을 쓴다.
길이 33cm, 너비 11cm정도 되는 종이로 만들어 중심 방의 벽에 붙여도
되고 몸에 지니고 있어도 된다. 노란 종이에 붉은 글자로 만들어도 좋다.

⊙ 목에 걸린 가시를 녹아내리게 하는 부적들(음복)

2

3

6

7

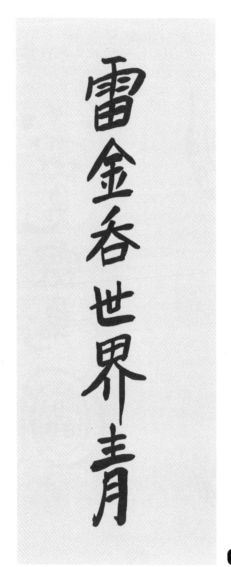

雷金呑世界青

10

● 맑은 물 한 공기를 왼손(새끼 손가락과 중지는 그릇에 닿지 않 도록)으로 받치고 동쪽을 향해 오른손 한 손가락으로 부적을 수면(水面)에 그린 뒤 단숨에 들 이켠다. '용(龍)'자는 고기가시 를, '호(虎)'자는 돼지뼈를, '봉 (鳳)'자는 닭뼈를 의미한다. 목 안에 걸린 내용물에 해당되는 부적을 선택해서 사용하면 더 효과적이다.

환자가 어린아이인 경우 '수면 에 부적 그리기'는 성인이 대신 하거나 일반 음복 방식으로 하 면 된다. 그러나 '동쪽을 향하는 것'은 반드시 지켜야 한다.

11

⊙ 기타

❶ 만병을 고치는 약왕(藥王) 부(음복)

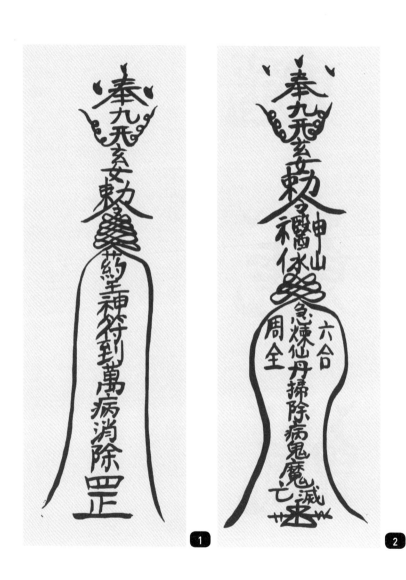

③

4

④ 만병을 고치는 부적(음복)

5

6

❻ 만병을 고치는 부적(약에 달여)

7

8

9

10

⑧ 병의 사기(邪氣)를 몰아내는 부적(몸에 지님)

11

❾ 돌림병을 치료하는 부적(약에 달여)

12

❿ 부스럼 · 종기를 다스리는 부적(문에 붙임)

13

14

15

16

⑭ 식물 중독을 해독하는 부적(약에 달여)

● 녹두와 감초(甘草)를 함께 달여서 마신다.

18

19

⑰ 이질(痢疾)이 좀처럼 낫지 않을 때 쓰는 부적(음복)

● 노란 종이에 붉은색으로 써도 된다.

20

⓲ 귓병에 쓰는 부적(약에 달여 음복)

㉑

22

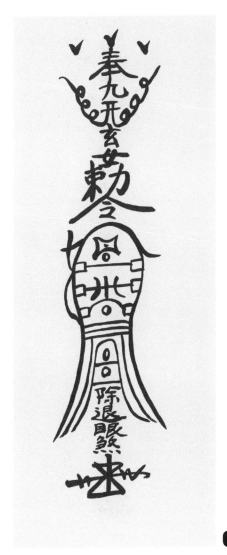

23

㉑ 눈병으로 인한 열증(熱症)을 다스리는 부적(씻기)

24

25

❷❸ 대소변 불통(不通)에 쓰는 부적(음복)

26

㉔ 진통(鎭痛)에 쓰는 부적(음복)

28

㉖ 무명(無名) 종독(腫毒)을 치료하는 부적

● 종기가 난 곳에 이 부적을 붉은색으로 그려도 된다.

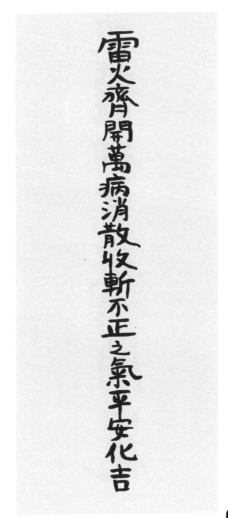

29

㉗ 가슴이 답답하고 가득 찬 것 같은 증세를 치료하는 부적(음복)

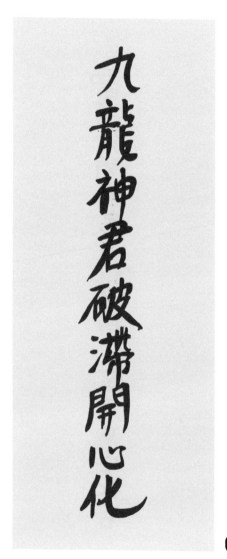

30

5장 장천사의 악몽 진압용부

장천사(張天師)는 후한(後漢)시대 사람으로 당시 성행했었던 부적 지술을 수집하여 정리했다. 본명은 장천(張天)인데 천사도(天師道)를 창건하였으므로 그를 장천사라 부르게 되었다.

여기서부터 소개하는 부적들은 바로 그가 수집 정리한 것들이다.

◉ 장천사의 악몽 진압용부

악몽을 꾸고 나서 그 불길함을 떨쳐버리기 위해서는 깨끗한 물 한 모금을 입에 머금고, 손에 쥔 검을 6~7번 휘저은 다음 동쪽을 향해 머금 었던 물을 뿜는다. 그리고 주문을 읽는다.

'붉은 해님 솟았네, 동쪽 하늘에! 악몽의 불길(겂吉)을 말끔히 가셔 주시옵소서, 신령이여!'

12지일(支日)에 따라서 사용되는 불길한 악몽을 떨쳐버리는 부적 들을 살펴보자.

12지일이란 열두 지지(地支)로 표시된 날들을 말하는데, 이 방법은 무척 번거로운 것이어서 오히려 만세력(萬歲曆)을 참조하여 직접 답을 얻는 것이 더 좋다.

예를 들면, 2002년 6월 25일이 만세력에는 간지(干支)로써 갑자일(甲子日 : 甲은 천간, 子는 지지)로 표시되어 있다. 그러므로 이 날은 자일(子日)이다. 또 그 이튿날은 을축일(乙丑日 : 乙은 천간, 丑은 지지)이라고 적혀 있다. 그러므로 이 날은 축일(丑日)이다. 이처럼 첫 12지일이 끝나면 이어서 또 새로운 12지일이 반복된다.

아래 부적들은 노란 종이에 붉은색으로 그려도 좋다. 몸에 지니거나 벽에 붙이면 길하다.

❶ 쥐띠 날
자일(子日)에 쓰는 진악몽부

(쥐띠 날) 자일에 이 부적을 몸에
지니면 길하다.

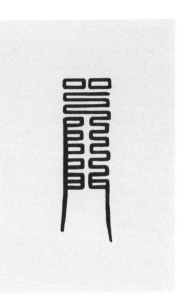

❷ 소띠 날
축일(丑日)에 쓰는 진악몽부

(소띠 날) 축일에 이 부적을 몸에
지니면 길하다.

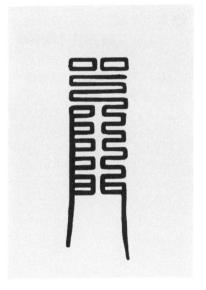

❸ 호랑이띠 날
인일(寅日)에 쓰는 진악몽부

(호랑이띠 날) 인일에 이 부적을
몸에 지니면 길하다.

❹ 토끼띠 날
묘일(卯日)에 쓰는 진악몽부

(토기띠 날) 묘일에 이 부적을 문
에 붙이면 크게 길하다.

➎ 용띠 날
진일辰日)에 쓰는 진악몽부

(용띠 날) 진일에 이 부적을 문에
붙이면 크게 길하다.

➏ 뱀띠 날
사일(巳日)에 쓰는 진악몽부

(뱀띠 날) 사일에 이 부적을 북쪽
벽에 붙이면 크게 길하다.

❼ 말띠 날
오일(午日)에 쓰는 진악몽부

(말띠 날) 오일에 이 부적을 남쪽
벽에 붙이면 크게 길하다.

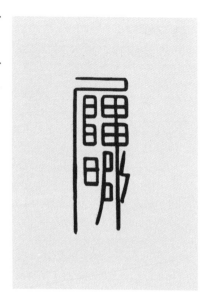

❽ 양띠 날
미일(未日)에 쓰는 진악몽부

(양띠 날) 미일에 이 부적을 몸에
지니면 크게 길하다.

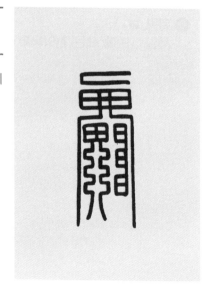

⑨ 원숭이띠 날
신일(申日)에 쓰는 진악몽부

(원숭이띠 날) 신일에 이 부적을
몸 왼쪽에 지니면 크게 길하다.

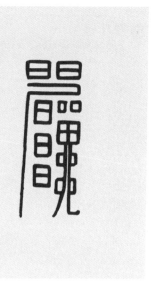

⑩ 닭띠 날
유일(酉日)에 쓰는 진악몽부

(닭띠 날) 유일에 이 부적을 몸에
지니면 크게 길하다.

⑪ 개띠 날
술일(戌日)에 쓰는 진악몽부

(개띠 날) 술일에 이 부적을 서쪽
벽에 붙이면 크게 길하다.

⑫ 돼지띠 날
해일(亥日)에 쓰는 진악몽부

(돼지띠 날) 해일에 이 부적을 부
뚜막에 붙이면 크게 길하다.

⊙ 14 장천사의 악귀를 쫓고 병을 다스리는 부적

❶ 음력 초하루에 생긴 병은 이
부적을 문에 붙이면 길하다.

❷ 음력 초이튿날에 생긴 병은 이
부적을 문에 붙이면 길하다.

❸ 음력 초사흘날에 생긴 병은 이
부적을 문에 붙이면 길하다.

❹ 음력 초나흘날에 생긴 병은 이
부적을 문에 붙이면 길하다.

❺ 음력 초닷새에 생긴 병은 이
부적을 문에 붙이면 길하다.

❻ 음력 초엿새에 생긴 병은 이
부적을 침대에 붙이면 길하다.

❼ 음력 초이레에 생긴 병은 이 부적을 문에 붙이면 길하다.

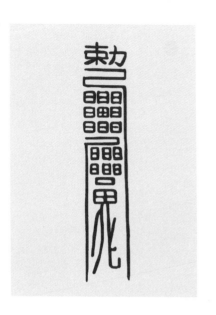

❽ 음력 초여드레에 생긴 병은 이 부적을 문에 붙이면 길하다.

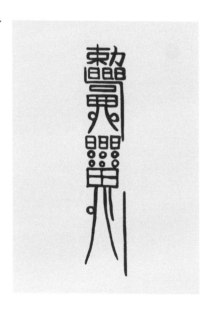

❾ 음력 초아흐레에 생긴 병은 이
부적을 문에 붙이면 길하다.

❿ 음력 초열흘에 생긴 병은 이
부적을 문에 붙이면 길하다.

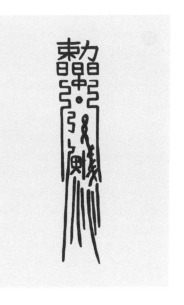

⓫ 음력 11일에 생긴 병은 이 부적을 방문에 붙이면 길하다.

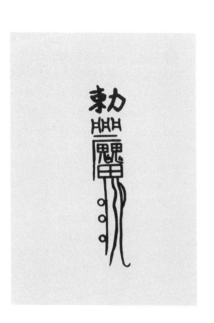

⓬ 음력 12일에 생긴 병은 이 부적을 문에 붙이면 길하다.

⑬ 음력 13일에 생긴 병은 이 부
적을 하나는 문에 붙이고 다른 하
나는 음복하면 길하다.

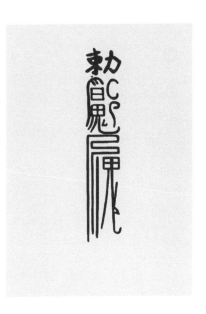

⑭ 음력 14일에 생긴 병은 이 부
적을 하나는 문에 붙이고 다른 하
나는 음복하면 길하다.

⑮ 음력 15일에 생긴 병은 이 부
적을 하나는 문에 붙이고 다른 하
나는 음복하면 길하다.

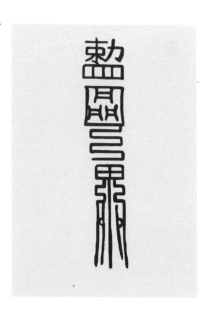

⑯ 음력 16일에 생긴 병은 이 부
적을 하나는 음복하고 다른 하나는
몸에 지니면 길하다.

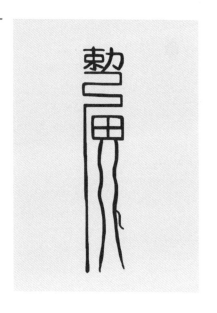

⑰ 음력 17일에 생긴 병은 이 부
적을 하나는 음복하고 다른 하나
는 몸에 지니면 길하다.

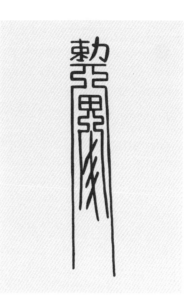

⑱ 음력 18일에 생긴 병은 이 부
적을 하나는 음복하고 다른 하나
는 머리에 이고 있으면 길하다.

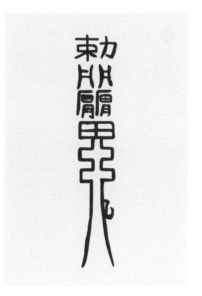

⑲ 음력 19일에 생긴 병은 이 부
적을 하나는 음복하고 다른 하나는
머리에 이고 있으면 길하다.

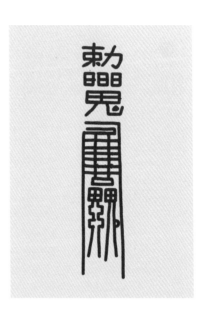

⑳ 음력 20일에 생긴 병은 이 부
적을 하나는 음복하고 다른 하나는
문에 붙이면 길하다.

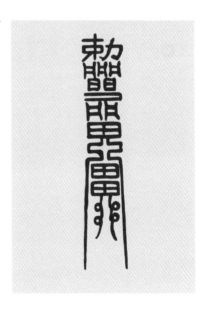

㉑ 음력 21일에 생긴 병은 이 부적을 음복하면 길하다.

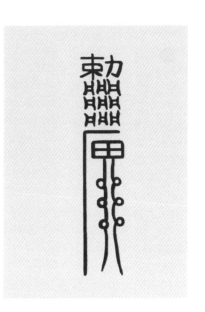

㉒ 음력 22일에 생긴 병은 이 부적을 하나는 몸에 지니고 다른 하나는 문에 붙이면 길하다.

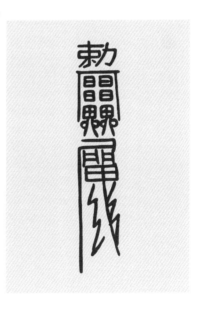

㉓ 음력 23일에 생긴 병은 이 부적을 하나는 음복하고 다른 하나는 몸에 지니면 길하다.

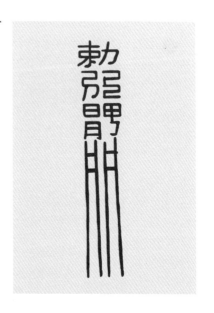

㉔ 음력 24일에 병이 생겼을 때 이 부적을 하나는 음복하고 다른 하나는 몸에 지니면 대단히 길하다.

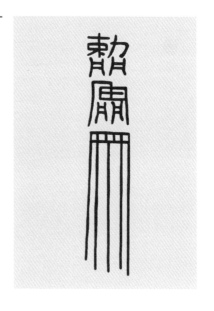

㉕ 음력 25일에 생긴 병은 이 부
적을 문에 붙이면 크게 길하다.

㉖ 음력 26일에 생긴 병은 이 부
적을 문에 붙이면 크게 길하다.

㉗ 음력 27일에 생긴 병은 이 부적을
머리에 이고 있으면 대단히 길하다.

㉘ 음력 28일에 생긴 병은 이 부
적을 하나는 음복하고 다른 하나는
몸에 지니면 크게 길하다.

㉙ 음력 29일에 생긴 병은 이 부
적을 침상에 붙이면 크게 길하다.

㉚ 음력 30일에 생긴 병은 이 부
적을 몸에 차면 크게 길하다.

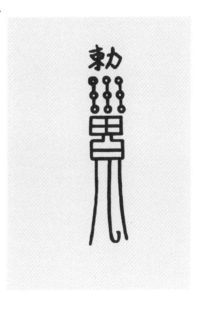

⊙ 장천사의 온갖 요괴를 제압하는 부적

❶ 그릇이나 물체에 부착된 요 괴를 제압하는 부적

이 부적을 그릇 등의 물체 아래
눌러놓으면 길하다.
붉은색으로 그려도 좋다.

❷ 부뚜막이나 가마에 부착된 요괴를 제압하는 부적

이 부적을 부엌에 붙이면 길하다.
붉은색으로 그려도 좋다.

❸ 옷이나 신발에 부착된 요괴 를 제압하는 부적

이 부적을 몸에 지니면 길하다.
붉은색으로 그려도 좋다.

❹ 이불이나 베개 등 침구에 부착된 요괴를 제압하는 부적

이 부적을 몸에 지니면 길하다. 붉은색으로 그려도 좋다.

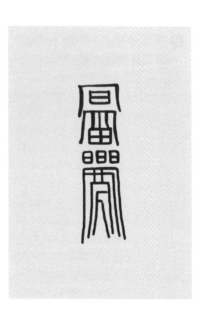

❺ 배와 자동차 등에 부착된 요괴를 제압하는 부적

이 부적을 몸에 지니면 길하다. 붉은색으로 그려도 좋다.

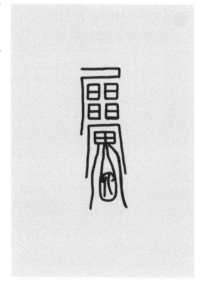

❻ 소나 돼지 등 가축에 부착된 요괴를 제압하는 부적

이 부적을 요괴가 출몰하는 곳에 붙이면 길하다.
붉은색으로 그려도 좋다.

❼ 길짐승이 인가에 침입하는 것을 방지하는 부적

이 부적을 대문에 붙이면 길하다.
붉은색으로 그려도 좋다.

❽ 날짐승이 인가에 침입하는 것을 방지하는 부적

이 부적을 대문에 붙이면 길하다.
붉은색으로 그려도 좋다.

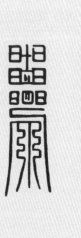

❾ 닭이나 오리 · 거위 등에 부착된 요괴를 제압하는 부적

이 부적을 닭이나 오리나 거위의 집 위에 짓눌러 놓으면 길하다.
붉은색으로 그려도 좋다.

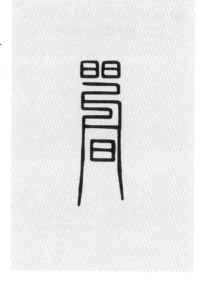

⑩ 소나 말똥에 옷이 더럽혀졌을 때 쓰는 부적

이 부적을 몸에 지니면 길하다.
붉은색으로 그려도 좋다.

⑪ 온갖 요괴를 제압하는 부적

괴상한 사람을 만났을때 이 부적을 몸에 지니면 길하다.
붉은색으 로 그려도 좋다.

6장 호신(護身)·보명(保命)·안태(安胎)부적

❶ 몸을 보호하는 호신부(몸에 지님)

❸ 목숨을 보전하는 보명부(몸에 지님)

❹ 목숨을 보전하는 보명부(몸에 지님)

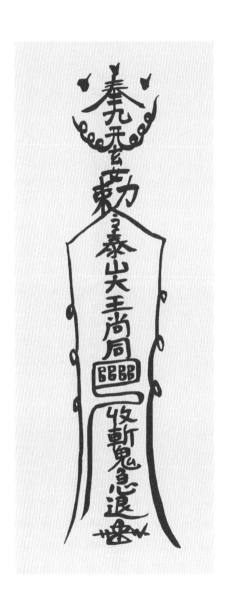

❺ 목숨을 보전하고 몸을 보호하는 보명호신(保命護身)부(몸에 지님)

❻ 목숨을 보전하고 몸을 보호하는 보명호신(保命護身)부(몸에 지님)

❼ 먼길 떠날 때 평안을 보증하는 부적(몸에 지님)

⑧ 태신(胎神)을 노엽게 했을 때 사용하는 부적

● 잉태를 관리하는 태신의 뜻을 어기고 임신함으로써 태신을 노엽게 했을 때, 신의 용서와 안태(安胎)를 비는데 사용하는 부적(이하 10, 11, 15 부적 등도 동일)

❾ 안태(安胎)에 쓰는 부적(음복)

● 태아가 동태(動胎) 된 것을 다스려 편안하게 하는 부적

❿ 태신을 노엽게 했을 때 사용하는 부적(방문에 붙임)

金救母靈丹保子全化

⓬ 분만시 안전을 보증하는 부적 (분만시 음복)

⓭ 안태(安胎)**에 쓰는 부적**(임신한 장소에 붙임)

⑮ 태신을 노엽게 했을 때 사용하는 부적(몸에 지님)

⑯ 안태에 쓰는 부적(몸에 지님)

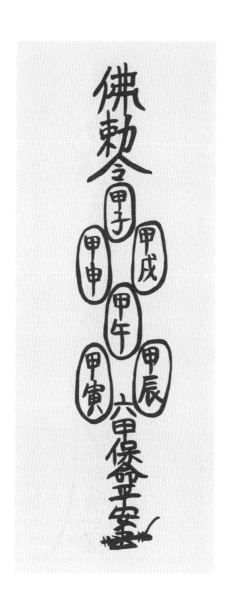

7장 태세(太歲)를 안정시키는 방법

    태세란 신의 이름으로 세신(歲神) 또는 세군(歲君)이라고도 일컬어진다. 60명의 신이 육십갑자(六十甲子)년을 한해씩 맡아 그 해의 길흉화복을 관리한다. 육십갑자년 중 각각의 태세의 이름은 다음과 같다. (첫 자는 성이고 둘째 자는 이름이다).

    1. 갑자(甲子)년 – 김적(金赤) – 쥐띠

    2. 을축(乙丑)년 – 진태(陳泰) – 소띠

    3. 병인(丙寅)년 – 심흥(沈興) – 범띠

    4. 정묘(丁卯)년 – 경장(耿章) – 토끼띠

    5. 무진(戊辰)년 – 조달(趙達) – 용띠

    6. 기사(己巳)년 – 곽찬(郭燦) – 뱀띠

    7. 경오(庚午)년 – 왕청(王淸) – 말띠

    8. 신미(辛未)년 – 이소(李素) – 양띠

9. 임신(壬申)년 – 유왕(劉旺) – 원숭이띠

10. 계유(癸酉)년 – 강지(康志) – 닭띠

11. 갑술(甲戌)년 – 서광(誓廣) – 개띠

12. 을해(乙亥)년 – 오보(伍保) – 돼지띠

13. 병자(丙子)년 – 곽가(郭嘉) – 쥐띠

14. 정축(丁丑)년 – 왕문(汪文) – 소띠

15. 무인(戊寅)년 – 증광(曾光) – 범띠

16. 기묘(己卯)년 – 오중(伍仲) – 토끼띠

17. 경진(庚辰)년 – 중덕(重德) – 용띠

18. 신사(辛巳)년 – 정조(鄭祖) – 뱀띠

19. 임오(壬午)년 – 노명(路明) – 말띠

20. 계미(癸未)년 – 위명(魏明) – 양띠

21. 갑신(甲申)년 – 방공(方公) – 원숭이띠

22. 을유(乙酉)년 – 장단(蔣耑) – 닭띠

23. 병술(丙戌)년 – 향반(向般) – 개띠

24. 정해(丁亥)년 – 봉제(封齊) – 돼지띠

25. 무자(戊子)년 – 영반(郢班) – 쥐띠

26. 기축(己丑)년 – 반개(潘蓋) – 소띠

27. 경인(庚寅)년 – 오환(鄔桓) – 범띠

28. 신묘(辛卯)년 – 범녕(范寧) – 토끼띠

29. 임진(壬辰)년 – 팽태(彭泰) – 용띠

30. 계사(癸巳)년 – 서순(徐舜) – 뱀띠

31. 갑오(甲午)년 – 장사(張詞) – 말띠

32. 을미(乙未)년 – 양현(楊賢) – 양띠

33. 병신(丙申)년 – 관중(管仲) – 원숭이띠

34. 정유(丁酉)년 – 강걸(康傑) – 닭띠

35. 무술(戊戌)년 – 강무(姜武) – 개띠

36. 기해(己亥)년 – 사수(謝壽) – 돼지띠

37. 경자(庚子)년 – 우기(虞起) – 쥐띠

38. 신축(辛丑)년 – 탕신(湯信) – 소띠

39. 임인(壬寅)년 – 하악(賀諤) – 범띠

40. 계묘(癸卯)년 – 피시(皮時) – 토끼띠

41. 갑진(甲辰)년 – 이성(李成) – 용띠

42. 을사(乙巳)년 – 오축(吳逐) – 뱀띠

43. 병오(丙午)년 – 문절(文折) – 말띠

44. 정미(丁未)년 – 요병(廖丙) – 양띠

45. 무신(戊申)년 – 유충(俞忠) – 원숭이띠

46. 기유(己酉)년 – 정인(程寅) – 닭띠

47. 경술(庚戌)년 – 화추(化秋) – 개띠

48. 신해(辛亥)년 – 엽견(葉堅) – 돼지띠

49. 임자(壬子)년 – 구덕(邱德) – 쥐띠

50. 계축(癸丑)년 – 임박(林薄) – 소띠

51. 갑인(甲寅)년 – 장조(張朝) – 범띠

52. 을묘(乙卯)년 – 방청(方淸) – 토끼띠

53. 병진(丙辰)년 − 신아(辛亞) − 용띠

54. 정사(丁巳)년 − 역언(易彦) − 뱀띠

55. 무오(戊午)년 − 요려(姚黎) − 말띠

56. 기미(己未)년 − 부세(傅稅) − 양띠

57. 경신(庚申)년 − 모신(毛辛) − 원숭이띠

58. 신유(辛酉)년 − 문정(文政) − 닭띠

59. 임술(壬戌)년 − 홍범(洪范) − 개띠

60. 계해(癸亥)년 − 우정(虞程) − 돼지띠

풍수학에 있어서 태세는 대단한 영향력을 미친다. 그러나 그 대부분은 좋지 않은 영향이다.

명리학(命理學)의 팔자(八字) 중에서는 13세, 25세, 37세, 49세, 61세를 태세 고비라고 하는데 이 해의 띠가 자신의 생년(生年)띠와 같아서 태세와 저촉된다고 한다.

예를 들면 2002년은 말띠 해다. 때문에 말띠인 모든 사람은 태세와 저촉된다는 것이다. 또 2003년은 양띠 해다. 양띠인 모든 사람은 이 해에는 태세와 저촉되는 것이다.

이처럼 태세와 저촉되는 해에는 세무조사나 법적 송사 등 관청으로부터의 재난과 시비(是非) · 타인의 모함 등 재앙이 많으므로 특별히 조심해야 한다.

재앙을 피하려면 태세를 안정시키는 태세부를 사용해야 한다.

그리고 태세는 또 목성(木星)을 의미하는데 목성은 우주를 12년에 한번씩 일주한다. 태세(목성)의 방위는 양택(陽宅)풍수에도 큰 영향을 준다. 집의 대문이 있는 방위로 태세(목성)가 오는 해는 큰 재해가 닥친다. 가장 보편적인 재앙은 세무조사나 법적 송사 등 관청에서 시작되는 재난, 연이어 일어나는 시비(是非), 가족 중에서 칼이나 피의 재해(수술을 포함한)를 입거나 큰 병에 걸리는 일들이 발생할 수 있다.

매년 태세의 방위를 살펴보면 다음과 같다.
● 쥐띠 — 자년(子年)
예를 들면 2020년은 자위(子位), 즉 정북위(正北位)
● 소띠 — 축년(丑年)
예를 들면 2021년은 축위(丑位), 즉 동북위(東北位 : 북쪽으로 치우침)
● 범띠 — 인년(寅年)
예를 들면 2022년은 인위(寅位), 즉 동북위(東北位 : 동쪽으로 치우침)
● 토끼띠 — 묘년(卯年)
예를 들면 2023년은 묘위(卯位), 즉 정동위(正東位)
● 용띠 — 진년(辰年)
예를 들면 2024년은 진위(辰位), 즉 동남위(東南位 : 동쪽으로 치우침)
● 뱀띠 — 사년(巳年)
예를 들면 2025년은 사위(巳位), 즉 동남위(東南位 : 남쪽으로 치우침)
● 말띠 — 오년(午年)
예를 들면 2026년은 오위(午位), 즉 정남위(正南位)
● 양띠 — 미년(未年)
예를 들면 2027년은 미위(未位), 즉 서남위(西南位 : 남쪽으로 치우침)

● 원숭이띠 ─ 신년(申年)

예를 들면 2028년은 신위(申位), 즉 서남위(西南位 : 서쪽으로 치우침)

● 닭띠 ─ 유년(酉年)

예를 들면 2029년은 유위(酉位), 즉 정서위(正西位)

● 개띠 ─ 술년(戌年)

예를 들면 2030년은 술위(戌位), 즉 서북위(西北位 : 서쪽으로 치우침)

● 돼지띠 ─ 해년(亥年)

예를 들면 2031년은 해위(亥位), 즉 서북위(西北位 : 북쪽으로 치우침)

재해를 방지하는 방법은 문밖이나 대문에 팔괘(八卦)를 걸어두면 된다. 동전에 12동물의 띠와 12지지(地支), 그리고 팔괘가 그려져 있는 것이 태세의 재해를 제어하는 작용을 한다.

풍수학이나 명리학에서 태세의 위력은 매우 막강하여

길막길어좌태세(吉莫吉於坐太歲)

흉막흉어범태세(兇莫兇於犯太歲)

즉, '태세 방위를 자리로 한 것 이상 더 길한 것이 없고, 태세를 건드리는 것 이상 더 흉한 것은 없다'는 말까지 생겼다.

이처럼 그 위력이 막강한 태세를 안정시키는 방법은 태세부를 이용하면 된다.

태세부는 그 해의 태세군 이름을 써넣는다. 음력 정월 초9일 혹은 15일 또는 길일(吉日) 길시(吉時)를 택하여 위패의 왼쪽에 모시되 신상(神像)의 높이를 넘지 말아야 한다.

태세부는 일반적으로 가로 12cm, 세로 27cm로 매년 음력 12월 24일 아침에 태세에게 인사를 드린 후 태세부를 태운다.

매년 이 과정을 반복한다. 붉은 종이에 그려도 좋다.

붉은 종이에 그려도 좋다

[그림9]태세부

8장 부부(夫婦) 전용부

● 부부화합(和合)부. 태워서 물 속에 풀어 넣는다.

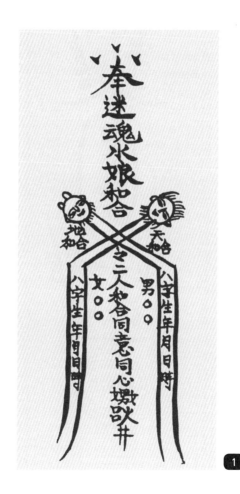

● 난로 속에서 태운다. 단방(單方)용

②

● 불에 태워 음복한다.(단방용)

3

● 침대에 붙인다.

4

● 음복한다.

5

● 몸에 지닌다.

● 방문에 붙인다.

● 부부가 함께 음복한다.

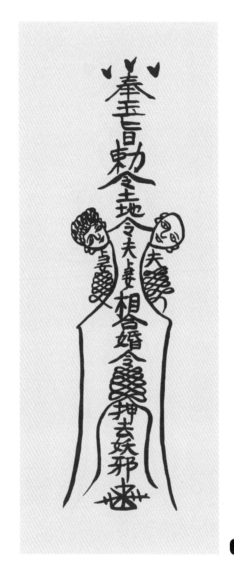

⑧

● 부부가 함께 음복한다.

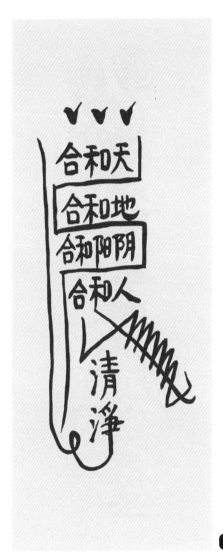

● 부부가 함께 음복하고 또 몸에 지닌다.

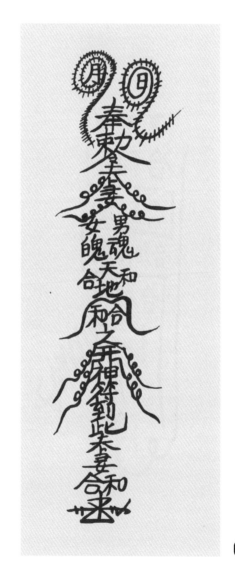

9장 총기(聰氣)를 밝혀주는 부적

● 몸에 지닌다.

10장 시험에 합격하게 하는 부적

● 항상 몸에 간직하고 있으면 학업 성적이 좋아진다.

시험 때가 되어 정신을 가다듬고 침착하게 시험에 응시하면 좋은 성적을 낼 수 있다. 학생에게 가장 적절한 부적이다.

❶ 큰 시험에 합격하게 하는 부적(몸에 지님)

● 이 부적은 규모가 큰 시험(대학 입시이나 취업 면접시험 등)에 쓰는 부적이다. 확실한 효과를 얻기 위해서는 시험 보기 전에 먼저 230페이지의 '대담 성을 키워주는 부적' 을 음복한 다음 이 부적을 몸에 간직하는 게 좋다.
물론 평상시 공부와 담 쌓은 사람이나 애당초 공부할 팔자가 아닌 사람 등은 억지로 써도 효과가 없다.

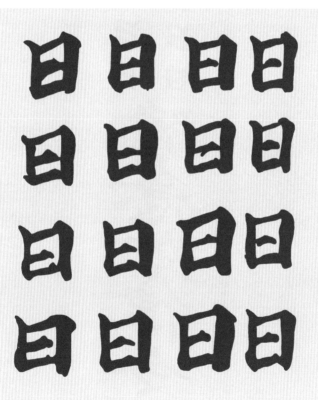

❷ 대담성을 키워주는 부적

● 이 부적을 몸에 간직하고 있으면 시험장에서도 떨리지 않고 침착해지
며 밤에도 겁이 나지 않고 선을 보는 자리에서도 수줍음이 사라진다.

11장 소송에서 이기게 하는 부적

● 이 부적을 음복하고 법정에 나가면 자신감 있게 송사를 하여 자연히 좋은 결과를 얻을 수 있다. 물론 당연히 죄가 없을 경우에 해당한다.
법정에 나가기 3일 전부터 '대담성을 키워주는 부적'을 3일 연속 음복한다.
법정에 나가는 전날에 이 부적을 음복한다. 그리고 232페이지의 부적을 왼쪽 호주머니에 넣고 왼손으로 늘 만진다.

● 앞 231페이지의 부적과 함께 사용하면 효과가 더 좋으며 제아무리 강한 상대라 해도 승소할 확률이 높다.

12장 소원을 이루게 하는 부적

● 베개 안에 넣는다.

● 1번 부적과 함께 사용하면 더욱 좋다. 몸에 지니면 된다.

2

13장 장사를 번창하게 하는 부적

● 문 입구에 붙인다.

● 천으로 밀봉이 되도록 꿰매던지 아니면 붉은 종이로 잘 싸서 몸에 지닌다.
1번 부적과 함께 사용하면 효과가 좋다.

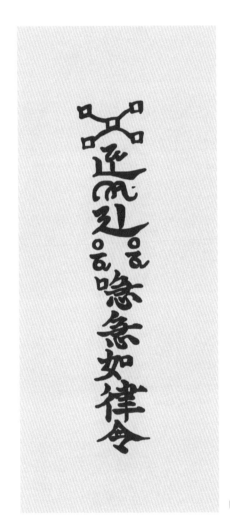

● 이 부적을 문에 붙이고, 붉은 천에 소금을 싸서 붉은 실로 잘 묶은 것을 문 위에 걸어둔다.

이 부적은 상점에서 장사를 하는 집에 적용된다. 드나드는 손님이 많을수록 좋다. 공장이나 제조업·가공·기술업종 등에는 적용되지 않는다.

● 생산이 번창하게 하는 부적

● 문 앞에서 태운다. 공업이나 제조 · 기술업종 등 생산업체에서 사용하는
부적이다. 절대로 오용 (誤用) 하면 안 된다.

14장 편안한 여행이 되도록 하는 부적

● 부적의 정면이 밖이 되도록 오각형이나 팔각형으로 접어서 여행을 떠나기
전에 몸에 지닌다.
여행길이 무사하고 유쾌할 것이다. 평상시에도 몸에 지니고 있으면 좋다.

15장 부귀와 행운을 주는 부적

● 몸에 잘 간직하고 함부로 버리지 말아야 한다. 이 부적은 여성과 공무원 및 종교인들에게 좋다.

● 장사에서 돈을 모으게 하는 부적

● 노점상이나 음식점 · 회사원 등이 몸에 지니면 좋다. 붉은 종이로 만들어도 된다.

2

만응의 신령 부적

萬應靈符 부록 _{최초공계}
만 응 령 부

※용도에 따라 사용법을 숙지한 후 복사하여 사용하시면 효험을 볼 수가 있습니다.

만응의 신령부적(萬應靈符)

여기에 소개하는 부적은 처음 공개하는 만응의 신령부적(萬應靈符)이다.

● 이 부적은 통증에 쓰인다. 두통일 때는 점 9개를 머리에 찍는다.
이 부적은 요통 치료용이므로 점을 허리에 찍었다(음복).

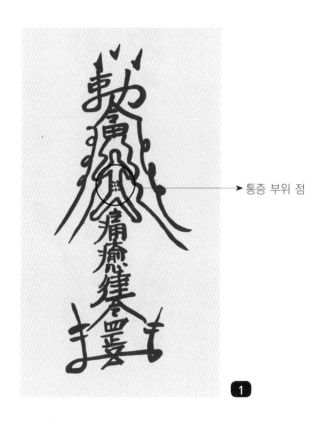

➡ 통증 부위 점

● 서왕금모(西王金母)의 금동(金彤) 총부(總符)다.
병 있는 사람이 음복하면 병이 치유되고 병이 없는 사람이 음복하면 더욱
건강해진다.

2

● 지혈(止血)에 쓴다. 음복하면 된다.

● 암(癌)을 치료하는 부적이다. 음복하면 효험을 볼 수 있다.

4

● 염증을 없애는 부적으로 음복한다.

● 불가사의할 정도로 모든 중독을 치유하는 부적으로 음복한다.

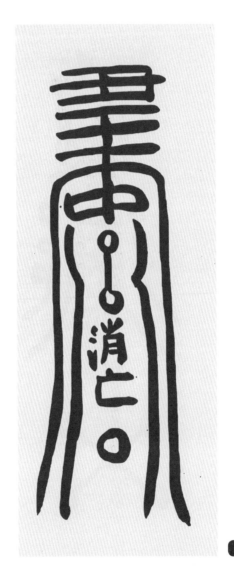

6

● 설사를 멎게 하는 부적으로 음복한다.

● 정신병 치료용 부적이다.

이 부적을 사용하면 정상적으로 수면이 회복된다. 몸에 지닌다.

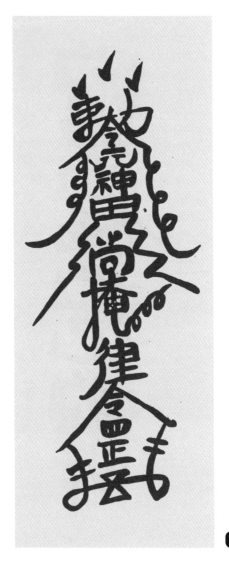

8

● 구토를 멎게 하는 부적으로 사전이나 사후 언제나 사용해도 되고 음복한다.

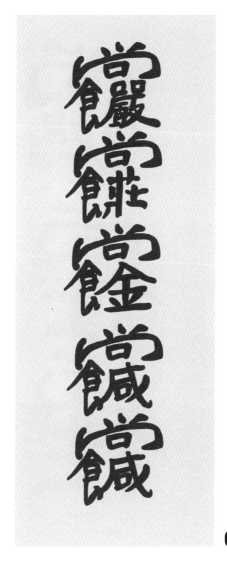

● 기침을 멎게 하는 부적으로 효과가 매우 좋다. 음복하면 된다.

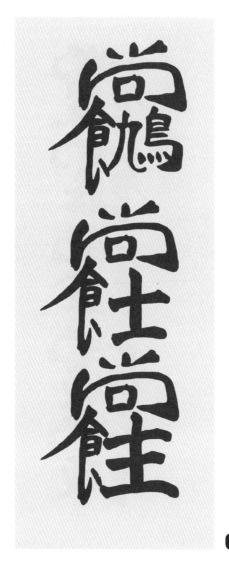

● 위병을 고치는 부적이다.
위병으로 오래 고생하는 사람이라면 시험삼아 음복해 보는 것도 좋다.

● 끊임없이 토혈(吐血)한다면 이 부적을 써 보라.
토혈이 즉각 멎고 얼굴빛이 다시 붉어질 것이다. 음복한다.

● 잘 알려지지 않은 병들을 고치는 부적으로 음복한다.

13

● 뇌중풍(腦中風)으로 반신불수가 된 사람은 이 부적을 사용하면 된다. 점차 회복이 될 것이다.(몸에 지니면 된다.)

14

● 몽설(夢泄)과 신허(腎虛)에 쓰는 부적으로 음복한다.

⑮

● 혀나 입안에 간화(肝火)로 구창(口瘡)이 생겼을 때 이 부적을 음복하면 된다.

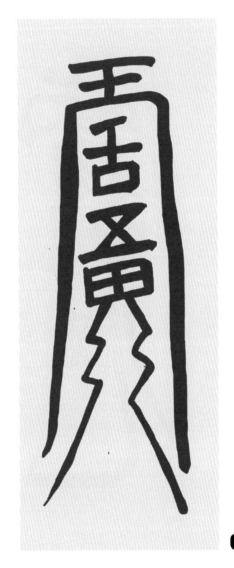

16

● 항상 가슴이 막힌 듯 답답하면 이 부적을 음복하라.
가슴이 확 트이듯이 상쾌해질 것이다.

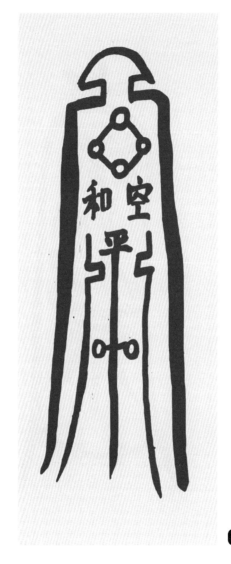

● 해산 전, 보태(保胎)나 태위(胎位) 부정(不正)시 자궁 모양을 형상화한 이 부적을 음복하면 해산이 순조롭다.

18

● 잠에서 깨어났을 때 극도로 피로한 것은 귀(鬼)가 정기(精氣)를 빼앗아갔기 때문이다. 이 부적을 하나는 음복하고 다른 하나는 침대머리 밑에 넣어두면 정기가 회복된다.

19

● 항상 눈이 빨갛게 부을 때 이 부적을 쓰면 효과가 좋다. 음복이나 씻기를 한다.

● 전간(癲癇), 즉 간질 치료에 쓴다. 음복하면 된다.

21

● 체내 적혈(積血)을 없애는 부적이다. 효과가 대단히 빠르게 나타난다. 음복한다.

22

● 벌레에게 물려 생긴 종기는 이 부적을 음복하면 사라진다.

23

● 하나는 방문에 붙이고 다른 하나는 동쪽을 향해 음복하면 상한(傷寒)이 나으며 예방까지 할 수 있다.

24

● 종기 치료에 쓴다.
부적을 한번 쓰다듬고 그 손가락으로 종기를 7번 점 찍은 뒤, 끓여서 식힌 물에
이 부적을 태운 것을 풀어서 깨끗이 여과하여 마시면 종기가 사라진다.

25

● 크게 놀란 후 항상 겁에 질려 조마조마해 하는 사람은 이 부적을 음복하면 진정된다.

26

● 천식 치료에 사용하면 효과가 좋다. 음복한다.

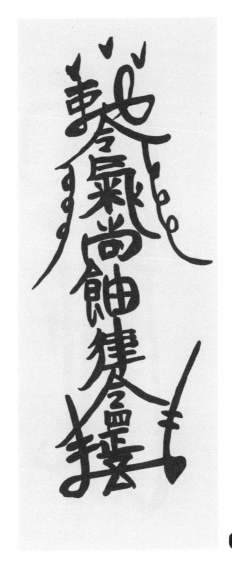

27

● 뼈에 가시가 생기는 병(요부 척추골 사이·목 척추골 사이 등)에 이 부적을 쓴다. 부적 중의 용(龍)자는 골(骨)이란 뜻이다. 음복하면 된다.

● 상사병(相思病)을 고칠 수 있다.
마음의 병은 마음으로 고쳐야 하는 것도 잊지 말아야 한다.(음복한다)

29

● 감기에 어지럼증까지 겹쳤을 때 이 부적을 음복하면 즉시 효과가 나타난다.

30

● 술을 탐내는 병을 치료한다.

갈근(葛根 : 칡뿌리)과 이 부적을 함께 넣어 달여 마시면 더욱 효과가 좋다.

31

● 귀울음[이명(耳鳴)]이 그치지 않으면 이 부적을 음복하라.
즉시 이명이 사라 진다.

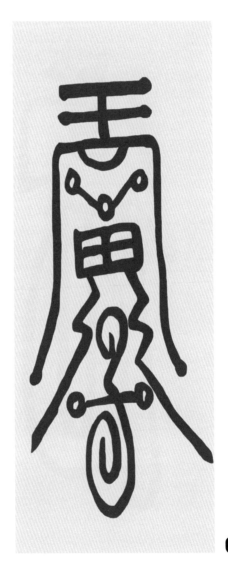

32

● 까닭없이 말문이 닫혔으면 이 부적을 음복하라.

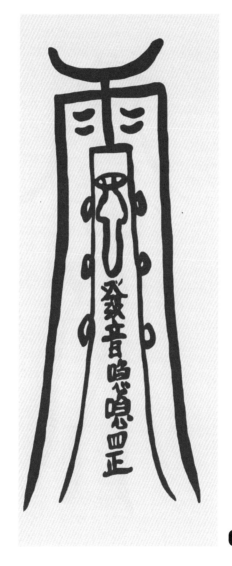

33

● 치통 환자가 이 부적을 항상 음복하면 치통도 적어진다.

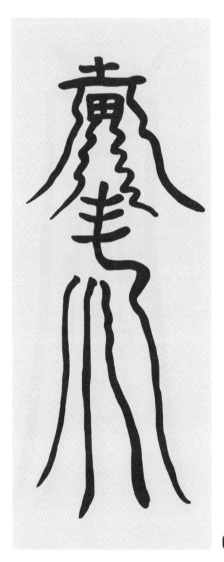

34

● 소아 경풍에는 이 부적을 음복하면 된다.

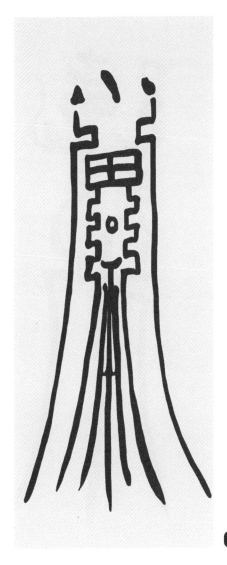

35

● 안질(眼疾)에는 끓여 식힌 물에 이 부적을 태워 풀어서 깨끗이 걸러 그 물로 씻으면 길하다.

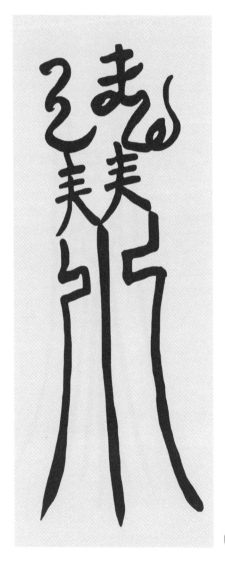

36

● 이 부적이 일체 화류병(花柳病)을 치유한다.
먼저 마음부터 깨끗이 하고 진정한 참회 후 치유가 될 수 있다.(음복한다)

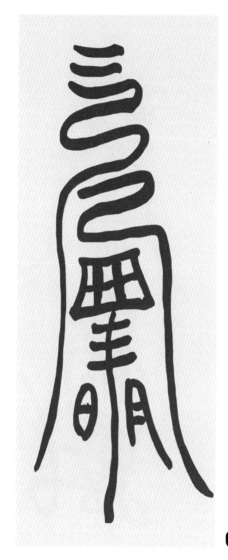

37

● 귀가 꽉 막히거나 또는 귀가 먹먹한 증상을 치료하는 부적이다.
절대 이 병을 등한시해서는 안 된다. 음복한다.

38

● 풍습(風濕)병 등 잡증(雜症)에 효음이 있다.(음복한다)

39

● 신염(腎炎)이나 당뇨 등에 이를 음복하면 효과가 빨리 나타난다.

40

● 하루종일 졸면서 정신없이 보내는 사람에게 이 부적은 매우 좋다.
일단 이를 음복하면 정신이 번쩍 든다.

● 술을 빨리 깨도록 하는 부적이다. 음복하면 효과가 즉시 나타난다.

42

● 소아 경풍에 쓰는 부적으로 음복한다.

43

● 해산의 기(氣)를 돋구는 부적이다.

당귀(當歸)와 함께 달여서 음복하면 순조 롭게 분만할 수 있다.

44

● 피부병을 치료하는 부적으로 음복한다.

45

● 이 부적을 묘지 맡에 묻으면 분가한 가족들 중 어느 한 집을 번창하게 만들 수 있다.

46

● 자영업을 하는 사람은 이 부적을 칠불금(七佛金), 여의금(如意金), 저폐(楮幣)와 함께 태우면 큰 돈을 벌 수 있다. 돈을 모으게 하는 부적이다.

47

● 이 부적은 모든 살기(殺氣)를 사라지게 한다.
사악한 기운이 있는 곳에 이 부적을 붙여두면 매우 길하다.

48

● 재액을 제압하여 집안을 안정되게 하는 오뢰정법부(五雷正法符)다.
이 부적을 집안의 벽에 붙여두면 매우 길하다.

49

● 사악한 기운이 몸에 부착되었을 때 이 부적을 음복하면 사라진다.

50

● 부부 화합에 쓰는 부적으로 부부 두 사람 모두 음복해야 한다.

51

● 진택(鎭宅)과 가내(家內)평안에 쓰는 부적으로 새 주택에 붙여두면 좋다.

● 문 앞에 커다란 기둥이 우뚝 서 있을 때 이 부적을 문에 붙이면 좋다.

53

● 가택을 정화(淨化)하는 부적이다. 이 부적을 태워 물에 풀어서 마당 곳곳에
뿌리면 자연히 집안이 편안해진다.

54

● 칠성(七星) 진택(鎭宅) 평안부로 붙여둔다.

55

● 공장 가동에 대단히 길한 부적이다. 이 부적을 기계나 공장 건물에 붙여두어라.

56

● 공장 가동이 대길(大吉)하기를 기원하는 부적이다. 공장 대문에 붙이면 좋다.

57

● 집이 빨리 팔리기를 기원하는 부적이다.
집 근처의 토지공묘(土地公廟)에 가서 태우면 소원이 이루어진다.

58

● 공장의 노동자가 단합되지 않을 때 이 부적을 태워 물에 풀어서 깨끗이
걸러 나누어 마시면 모든 일이 순조롭게 풀린다.

59

● 이 부적은 집안의 불화나 말다툼 등을 제압하는 부적이다.
집안 환한 바람벽에 붙여두면 좋다.

● 악기(惡氣)를 제압하여 진택(鎭宅)하는 부적으로 소위 호성군(虎星君)의 압살부(押煞符)다. 대문 밖을 향하도록 붙이면 길하다.

61

● 누군가 만약 사악(邪惡)부를 사용하여 당신을 해하려고 한다면, 당신이 먼저 이 부적을 음복하면 그 해를 막아낼 수 있으므로 전혀 두려워 할 것 없다.

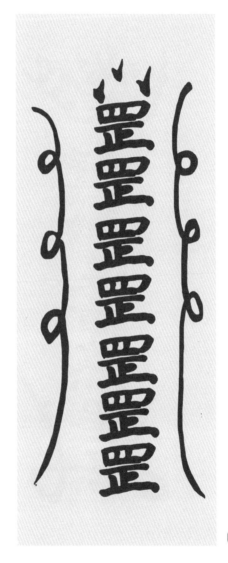

62

● 급한 일로 성황님께 구원을 기원하려면 이 부적을 태우면 된다.
신속한 감응(感應)이 있을 것이다.

● 급한 일로 여조(呂祖)께 구원을 기원하려면 이 부적을 태워라.
신속한 감응이 있을 것이다.

64

● 사원에 오영장군(五營將軍)을 모시는 영부(靈符)다.
이 부적을 사원에 붙여두면 대단한 영감을 얻게 된다.

65

● 쓰임새가 매우 많은 부적이다.

빛을 독촉하거나 상대방을 설복(說服)시킬 때 이 부적을 몸에 지니면 길하다.

66

● 공사 착공의 첫 삽을 뜰 때 쓰는 부적이다.
이 부적을 사용하면 그 뒤의 일이 매우 순조롭게 풀린다.

67

● 재운을 불러오는 부적이다.
상점 입구에서 이 부적을 태우면 재물이 쏟아져 들어온다.

68

● 세덕진택부(歲德鎭宅符)다.

이 부적만 있으면 태세의 비위를 거슬리는 일은 발생하지 않는다. 붙이면 된다.

69

● 영선종(靈仙宗)의 영험을 펼치도록 하는 계령부(啓靈符)다.

이 부적만 있으면 영험이 어김없이 펼쳐진다. 붙이면 된다.

70

● 이 부적을 집안에 붙여두면 귀(鬼)들이 저절로 자취를 감춘다.

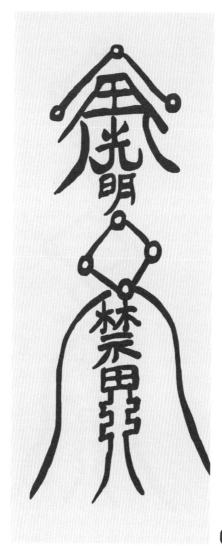

● 여우를 다스리는 뇌화부(雷火符)다.
중국에서 매우 보편적으로 사용되고 있다. 붙이면 된다.

72

● 이 부적을 새 집(건물) 중앙에서 태우면 그 누가 제아무리 악한 술법을 쓰더라도 당신을 해칠 수는 없다. 만약 뒤의 '네 방위의 토신(土神) 제압부'(74, 75, 76, 77 부적)와 함께 사용 한다면 그 효과는 더욱 좋다.

73

● 새 집(건물)의 동방 토신(土神)을 제압하는 부적이다. 이 부적을 동쪽에서 태워라.

74

● 새 집(건물)의 서방 토신을 제압하는 부적이다. 이 부적은 서쪽에서 태워라.

● 새 집(건물)의 남방 토신을 제압하는 부적이다. 이 부적을 남쪽에서 태워라.

76

● 새 집(건물)의 북방 토신을 제압하는 부적이다. 이 부적을 북쪽에서 태워라.

77

● 이 부적을 어린애가 몸에 지니고 있으면 일체 재앙을 물리칠 수 있다.
이 부 적은 남아(男兒) 용이다.

● 이 부적을 어린애가 몸에 지니고 있으면 일체 재앙을 물리칠 수 있다. 여아 (女兒) 용이다.

● 만약 처극부(妻克夫 : 남편이 먼저 죽는다)면 결혼하는 날에 신랑이 이 부적을
지니면 죽음을 면한다.

● 만약 부극처(夫克妻 : 아내가 먼저 죽는다)면 결혼하는 날에 아내가 이 부적을
지니면 죽음을 면한다.

● 만약 누군가가 묘지에 사술(邪術)을 시행한다면, 묘지에 이 부적을 묻어 두어라. 사술을 피우려던 자가 재앙을 당하게 된다. 풍수에는 영향이 없다.

82

● 흥왕(興旺)치 못하던 집(건물)에 이 부적을 붙여두면 대대적으로 흥한다.

83

● 이 부적을 대문에 붙여두면 일체의 악귀가 감히 침입하지 못한다.

● 빈둥거리거나 도박만 즐기는 사람이 이 부적을 음복하면 뉘우쳐 개심(改心)할
수 있다.

85

● 이는 대단히 무서운 부적이다. 가내에 붙여두면 일체 악귀를 절단할 수 있다. 아주 긴급한 상황이 아니면 함부로 쓰지 말아야 한다.

86

● 만약 악지사(惡地師)가 있어 명당수(明堂水)를 파괴하려 한다면 이 부적을 묘의 비석에 붙여놓으면 흉(凶)이 길(吉)로 바뀐다.

87

● 딸만 낳고 아들을 못 나았다면 아내의 생일에 이 부적을 음복하라. 신통하게 아들을 낳는다.

88

● 이 부적을 몸에 지니고 있으면 외출에서 무고하다.

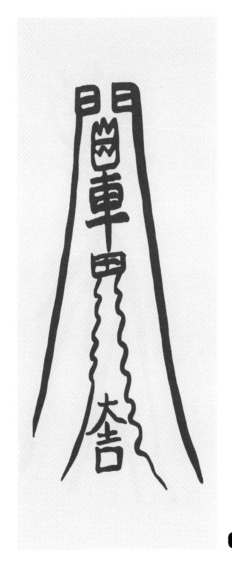

89

● 감정화해에 쓰는 부적이다. 부부는 함께 음복하면 된다. 접객녀(接客女)는
사용하면 안 된다.

90

● 방안에 뱀이나 벌레들이 자주 기어들면 이 부적에 웅황(雄黃)술을 뿜어 이곳 저곳에 붙여 놓는다. 그러면 뱀이나 벌레들이 다시는 기어들지 않는다.

91

● 악몽을 꾸었을 때 이 부적을 음복하면 길로 변한다.

92

● 축사(畜舍)에 붙여두면 가축이 병에 걸리지 않는다.

93

● 어린애가 밤마다 울어서 시끄러워 못 견딜 지경이면 침대 다리에 이 부적을 붙인다. 하루가 지나면 조용해진다.

94

● 화재가 자주 생기면 이 부적을 붙인다. 더이상 화재가 생기지 않는다.

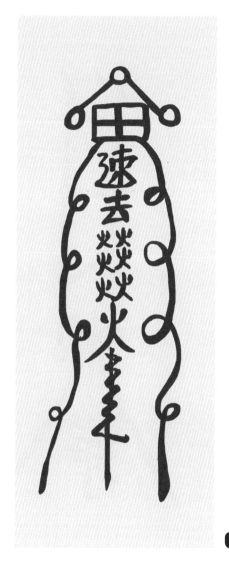

95

● 식수가 불결하면 질병이 쉽게 생긴다. 이 부적을 물에 넣으면 물이 깨끗이 변한다. 야외(野外) 황지(荒地)에서 삶을 개척함에 있어서 매우 필요하다.

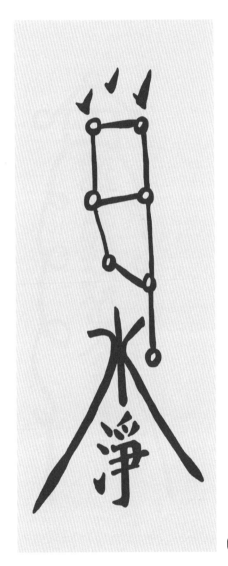

96

● 집에 도둑이 들면 이 부적을 위패에 모신다.

97

● 노자군(老子君)의 진택(鎭宅)부로 붙이면 된다.

98

● 남의 결혼식이나 천수(天壽)를 다하고 세상을 떠난 이의 장례[희상(喜喪)]에 참석하여 경거망동할까 우려된다면 이 부적을 몸에 지닌다. 우려되는 일은 안 생길 것이다.

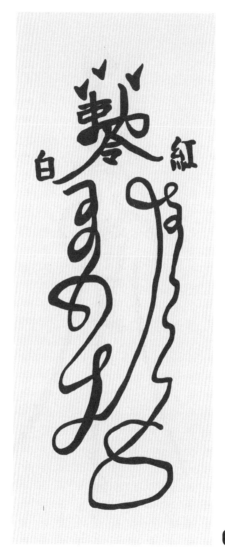

99

● 괴상한 소리가 들리거나 괴상한 그림자가 보였을 때, 이 부적으로 그 곳을 가리켜라. 괴상한 소리와 그림자는 즉시 사라진다.

100

● 전쟁의 재난을 피하려면 이 부적을 몸에 지니고 있어라. 그러면 위험한 상태에서 벗어나 안전한 상태로 되돌아올 수 있다.

101

● 옥황대제(玉皇大帝)가 당신을 보호해 주시는 호신(護身)부다. 몸에 지닌다.

102

내 운명을 뒤바꾸는 **부적** 대백과

● 이 부적을 몸에 지니고 있으면 말다툼을 피할 수 있다.

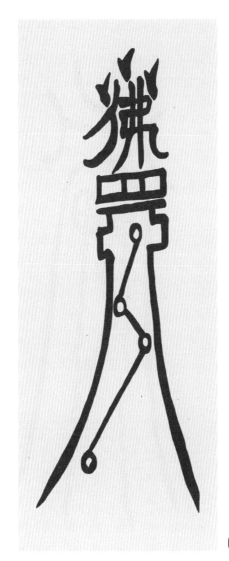

● 이 부적을 음복하면 수많은 꿈에서 해방된다.

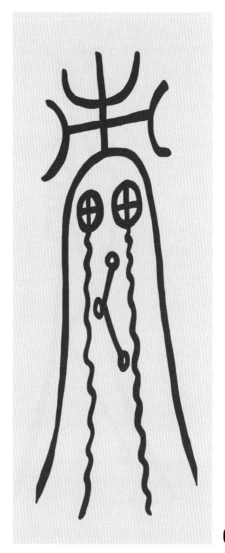

104

● 어린애가 토신(土神) 을 화나게 했다면, 이 부적을 음복시키면 토신(土神) 의 분노가 즉시 풀어진다.

105

● 질병이 유행할 때 이 부적을 매일 하나씩 음복하면 그 병에 걸리지 않는다.

106

● 배멀미를 할 때 이 부적을 지니면 멀미를 하지 않는다.

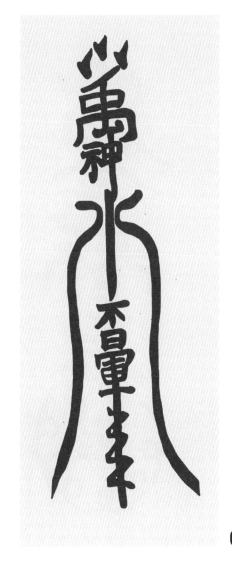

● 유산이나 난산일 때 이 부적을 음복하면 분만이 매우 순조롭다.

● 사나운 개들이 이 부적을 몸에 지닌 사람을 보면 저절로 물러가 버린다.

109

● 아이들은 공부보다 장난치기를 더 좋아한다면, 이 부적을 음복하면 신기하게도 이런 버릇이 고쳐진다.

110

● 야뇨증이 있는 어린이에게 이 부적을 음복시키면 야뇨증이 사라진다.

● 얼굴에 흑색 기(氣)가 있는 사람이 이 부적을 몸에 지니면 그 흑기(黑氣)가
사라진다.

112

● 목에 뼈나 가시가 걸렸을 때 물 한 사발을 떠놓고 그 수면에 이 부적을 그린다. 그리고 아래의 주문을 읽어라. "바다 같이 넓고 심연(深淵)같이 깊은 이 물에 구룡(九龍)이 다시 찾아왔다. 이 태상노군의 명령을 빨리 집행하여라." 다음으로 동쪽의 기(氣)를 들이마셨다가 물에 불어넣는 것을 세 번 거듭한 후 그 물을 들이켠다.

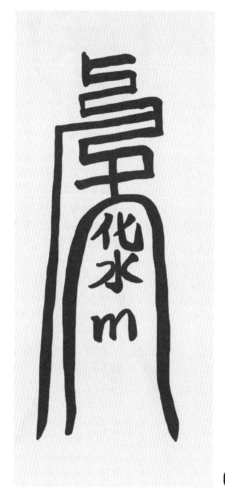

113

● 줄담배를 피는 사람이 이 부적을 음복하고 나면 담배만 봐도 저절로 싫어진다.

114

● 밤길을 걸을 때 이 부적을 몸에 지니면 모든 귀(鬼)들이 피한다.

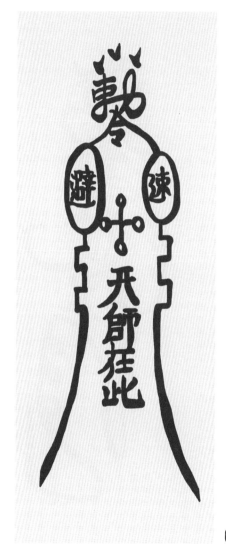

● 이 부적을 몸에 지니고 있으면 기세당당해져 주변 사람들이 겁을 먹게 된다.

● 이 부적을 몸에 지니면 존경을 받게 된다.

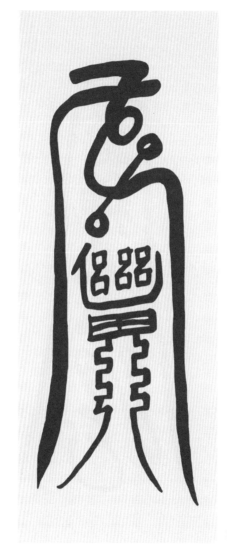

117

● 불면증이 있는 사람은 이 부적을 베개 밑에 깔고 누워서 '잔다, 잔다, 바로 내가 장군이다' 라고 10번을 외우면 스르르 잠이 든다.

● 이 부적을 오랫동안 지니고 있으면 복권(로또)에 당첨될 확률이 높다.

● 남이 주사위를 던질 때 이 부적을 몸에 지닌 당신이 점수를 부르면, 항상 그 결과가 똑같게 된다.(던져서 나온 점수=당신이 부른 점수)

120

● 이 부적은 전쟁의 재해를 피할 때 쓴다. 불호(佛號)까지 배합한다면 더욱 영험 하다. 몸에 지니면 된다.

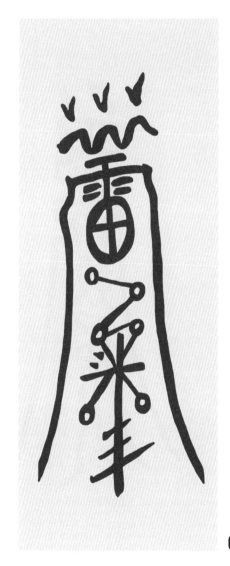

121

● 추운 겨울에도 이 부적을 몸에 지니면 손발이 차지 않다.

122

내 운명을 뒤바꾸는

符_부籍_적 대백과